Christine Reents · Religion – Primarstufe

Christine Reents

Religion - Primarstufe

Calwer Verlag · Kösel-Verlag

RELIGIONSPÄDAGOGISCHE PRAXIS Nr. 17
Herausgegeben von Horst Klaus Berg und Wolfgang Langer

ISBN 3-7668-0487-1 (Calwer Verlag)
ISBN 3-466-25245-8 (Kösel-Verlag)

Satz: Composer- & Fotosatzstudio R. & J. Blank, München.
Druck: fotokop. Wilhelm Weihert, Darmstadt.
Bindung: Graphische Werkstätten Kösel, Kempten.
Umschlagentwurf: Christel Aumann.
Die Verlage Calwer und Kösel sind Mitglieder
des *Verlagsring Religionsunterricht (VRU)*

Inhaltsverzeichnis

Erstes Kapitel
Religionsunterricht – Primarstufe
Zwischen Anpassung und Reformwille 7
1. Der Religionsunterricht unter rechtlichem Aspekt 7
2. Der Religionsunterricht unter schulischem Aspekt 9
3. Der Religionsunterricht unter religionspädagogischem Aspekt 13

Zweites Kapitel
Kind – Gesellschaft – Religionsunterricht 19
1. Der Schüler im Konzept der Evangelischen Unterweisung – kritisch gesehen 19
2. Der Schüler unter anthropologischem Aspekt 21
3. Folgerungen für den RU im Primarbereich 24

Drittes Kapitel
Zur Ermittlung der Lernausgangslage im Religionsunterricht
Vorprägungen – Vorerfahrungen – Vorkenntnisse – Interessen 26
1. Begründungen für die Notwendigkeit von Bestandsaufnahmen 26
2. Zur Wahl der Methoden 30
3. Folgerungen zur Planung von Lernprozessen 47
4. Ein Fragebogen zum Thema „Jesus von Nazaret“ (mit Ergebnissen) 49

Viertes Kapitel
Bibelbezogener und problemoffener Religionsunterricht im Primarbereich 59

Fünftes Kapitel

Religionsunterricht in der Eingangsstufe (1./2. Schuljahr) . . 65
1. Zur Ausgangslage 65
2. Bisherige Positionen 67
3. Unterrichtseinheit: Streit und seine Lösungen 69

Sechstes Kapitel

Religion in der Grundstufe (3./4. Schuljahr) 86
Zum fachspezifischen Aspekt in der Grundstufe 86
Modell I: Israels Exodus 88
Didaktischer Kommentar zur Exodustradition 89
Zum Aufbau einer Unterrichtseinheit 96

Modell II: Angst und Versuche ihrer Reduktion 100
Zur Problemanalyse 100
Zum Aufbau einer Unterrichtseinheit 113

Modell III: Nach Gott fragen 122
Thesen zum Problem 122
Unterrichtsskizze 130
Anhang: Arbeitsblätter/Fragebogen 135

ERSTES KAPITEL

Religionsunterricht – Primarstufe

Zwischen Anpassung und Reformwille

Ein effektiver Religionsunterricht [RU] im Primarbereich ist ohne den Willen zu realitätsnaher Reform undenkbar.
Etwa seit 1967/68 arbeiten wir an einer Reform des RU im Primarbereich. Durch Modelle, durch neue Rahmenlehrplanentwürfe und neue Religionsbücher könnte diese Reform in der Schulrealität breit wirksam werden. Trotzdem läßt mich der Eindruck nicht los, daß die Schule manchmal ihre Schüler ärmer macht, als sie es sein könnten. Oder warum ist der Religionsunterricht so extrem anfällig für Unterrichtsausfall, Organisationsschwäche, Lehrermangel und Finanzmiseren? Deshalb meine Forderung nach *realitätsnaher* Reform. Unter Realitätsnähe verstehe ich eine angemessene, kritische Berücksichtigung gegenwärtiger schulischer, gesellschaftlicher wie kirchlich-konfessioneller Voraussetzungen und rechtlicher Bedingungen.
Reformwille sollte zwei Wege einschlagen: den Weg des Sich-Einlassens auf sich wandelnde gesellschaftliche und schulische Verhältnisse, vor allem aber den Weg der Reform dieser Verhältnisse in Richtung auf mehr Gerechtigkeit, Humanität, Freiheit, Frieden, Liebe und Vertrauen. Der Graben zwischen Möglichem und Anzustrebendem sollte verringert werden.
Dieser Graben zwischen dem Real-Möglichen und den Zielen einer inneren Schulreform durchzieht heute die Grundschule in vielfacher Richtung: rechtlich, schulorganisatorisch und religionspädagogisch.

1. Der Religionsunterricht unter rechtlichem Aspekt

(1) Ausgangslage

De iure wird im Primarbereich konfessioneller Religionsunterricht ohne Alternativen angeboten[1], allerdings mit Abmeldemöglichkeit

---

[1] Ich kenne kein Land der BRD, in dem Alternativen im Primarbereich angeboten werden können. Als Beispiel zitiere ich aus § 104 des Niedersächsischen Schulgesetzes:

durch die Erziehungsberechtigten sowie Gewährleistung der Suspension für Lehrer.

De facto wird jedoch in manchen Grundschulen ein „Religionsunterricht für alle“ versucht.

Gründe:

- Viele Grundschüler wachsen im kirchlich-konfessionell wenig geprägten Milieu auf.
- Es ist pädagogisch wie schulorganisatorisch oft schwer vertretbar, für Minderheiten wie z.B. für Katholiken in Ostfriesland, für Evangelische in Südoldenburg oder im Südschwarzwald eigenen konfessionellen Religionsunterricht einzurichten.
- Fachlehrkräfte, die eine Aufteilung nach Konfessionen im Primarbereich bejahen, fehlen vielerorts. Kein Lehrer kann gezwungen werden, konfessionellen RU zu erteilen[2].
- Ziele und Inhalte des Religionsunterrichts im Primarbereich sind nur zum Teil zwischen den Konfessionen strittig; gemeinsam sind Themen der Erfahrung und der Bibel, verschieden der jeweilige Bezug zur Kirche.

„(2) Für Schüler, die nicht am Religionsunterricht teilnehmen, ist vom 5. Schuljahrgang an religionskundlicher Unterricht als ordentliches Lehrfach einzurichten, wenn mindestens zwölf Schüler dazu angemeldet werden oder sich dazu anmelden.
(3) Schüler, die weder am Religionsunterricht noch am religionskundlichen Unterricht teilnehmen, sind vom 5. Schuljahrgang an verpflichtet, statt dessen einen Unterricht zu besuchen, in dem ihnen das Verständnis für die in der Gesellschaft wirksamen Wertvorstellungen und Normen sowie der Zugang zu philosophischen und religiösen Fragen vermittelt wird. Ein solcher Unterricht ist einzurichten, sobald hierfür die erforderlichen Unterrichtsangebote entwickelt sind und geeignete Lehrer zur Verfügung stehen.“
(Aus: Nieders. GVBl. Nr. 19/1974, ausgegeben am 31.5.1974).
Als Ausnahme i t Bremen wichtig, weil es hier keinen konfessionsgebundenen RU im eigentlichen Sinne gibt. Die Abmeldemöglichkeit ohne Pflichtalternativen besteht auch hier. Der § 32 der Bremischen Landesverfassung lautet:
„(1) Die allgemeinbildenden öffentlichen Schulen sind Gemeinschaftsschulen mit bekenntnismäßig nicht gebundenem Unterricht in Biblischer Geschichte auf allgemein christlicher Grundlage.
(2) Unterricht in Biblischer Geschichte wird nur von Lehrern erteilt, die sich dazu bereit erklärt haben. Über die Teilnahme der Kinder an diesem Unterricht entscheiden die Erziehungsberechtigten.“
Vgl. auch das Urteil des Staatsgerichtshof der Freien Hansestadt Bremen vom 23. Oktober 1965. In der Begründung des Urteils heißt es u.a.: „Mit BGU (= Biblischer Geschichtsunterricht) des Artikels 32 Abs. 1 wird keine religiöse oder weltanschauliche Unterweisung der Kinder bezweckt.“

2 Vgl. GG 7, 3. – Nach meinem Eindruck ist vielerorts eine „Abmeldung des Lehrers“ vom konfessionellen RU zu verzeichnen, so daß neben Fachlehrern kirchliche Katecheten verstärkt Lehraufträge im Primarbereich erhalten haben.

- Soll der Dialog mit Andersdenkenden gelingen, muß ihre Position original vertreten sein. Ist das im konfessionellen RU möglich?
- Hinzu kommt, daß der Religionsunterricht im 1./2. Schj. vielfach im Rahmen des Anfangsunterrichts erteilt wird oder wurde. Da Konfessionsschulen im Primarbereich nicht die Regel sind, ist vom 1. Schj. an mit konfessionell gemischten Schülergruppen zu rechnen.
- Lehrbücher und Schülerarbeitshefte werden von vielen Lehrern primär von ihrer Eignung her benutzt.
  Da sich zudem die Reform des Religionsbuches in evangelischer und katholischer Religionspädagogik parallel vollzog, finden sich vielfache Entsprechungen.

(2) Folgerungen

Welche Folgerungen können sich aus der Differenz zwischen geltendem Recht und praktischer Möglichkeit ergeben?
Das Pendel bewegt sich zur Zeit zwischen Rekonfessionalisierung und Aufhebung der Fächergrenzen (ANR/GEW)[3]. Solange sich die Fächergrenzen der Schule in Stundentafeln, Zeugnissen und Fachlehrerprinzip niederschlagen, solange muß auch der Widerspruch zwischen der Zielvorstellung eines RU für alle und geltendem Recht durchgehalten werden.

2. Der Religionsunterricht unter schulischem Aspekt

(1) Ausgangslage

Der Primarbereich gliedert sich in die
- *Eingangsstufe* mit der Vorschule und dem jetzigen 1. Schj. bzw. zur Zeit noch mit Sechs- bis Achtjährigen, da die Diskussion um das Schuleintrittsalter noch nicht abgeschlossen ist[4].

---

3 Auf dem von GEW und ANR gemeinsam veranstalteten Religionspädagogischen Kongreß am 22.5.1974 in Hannover wurde folgende GEW-These vertreten:
„4.1. Die Lernziele, die sich aus Bedürfnissen des Schülers und Anforderungen der Gesellschaft begründen lassen, sollten aufgenommen werden in Curriculumelementen in verschiedenen Lernbereichen und in übergreifenden Unterrichtseinheiten; ein besonderes „Fach“ Religion erübrigt sich dann. . . .
4.2. Solange der Fächerkanon noch vorhanden ist und die Organisationsform der Schule mit ihren Fächergrenzen noch besteht, fordern wir für eine Übergangsphase einen ‚RU für alle‘.“
Zum Problem vgl. auch: *W. Langer,* Konfessioneller Religionsunterricht, in: Religionspädagogisches Werkbuch, hg. D. Zilleßen, Frankfurt 1972, S. 15 - 21.

4 Vgl. Bildungsgesamtplan, hg. von der Bund-Länder-Kommission für Bildungsplanung, Stuttgart 1973, Bd. I S. 20 ff, sowie: Stellungnahme des Rates der

– *Grundstufe* mit den Acht- bis Neunjährigen, d.h. mit dem jetzigen 3. und 4. Schj.

Ziele

„Allmähliche Hinführung von den Formen des mehr spielerischen Lernens im Elementarbereich zu den systematischen Formen des schulischen Arbeitens.
Revision der Curricula im Hinblick auf die späteren Anforderungen nicht nur hinsichtlich der grundlegenden, sondern auch der weiterführenden Lernziele, z.B. durch Hinführen zu entdeckendem Lernen, zu selbständigem und kooperativem Arbeiten sowie zur Einübung im Problemlösen[5].
Anpassung des schulischen Angebots in Inhalt und Form an individuelle Lerndispositionen, Erfahrungswelt und Lerngeschichte, vorwiegend durch Differenzierungen innerhalb des Klassenverbandes."[6]

Stufenbezogene Schwerpunkte

Im Rahmen dieser Zielsetzung werden die Schwerpunkte innerhalb des Primarbereiches verschieden gesetzt: während die Vorschule der Schaffung einer allgemeinen Lernbasis dienen soll, ist die zweijährige Eingangsstufe (1./2. Schj.) vor allem durch Lehrgänge (Leselehrgang, Schreiblehrgang, Mathematiklehrgang) sowie einen vorfachlichen Kernbereich der Sprach- und Sachbildung gekennzeichnet. Beide, Lehrgänge und Kernunterricht, sollen auf je verschiedene Weise das demokratische Ziel einer kompensatorischen Erziehung verfolgen. In der Grundstufe tritt dann „die Eigengesetzlichkeit einzelner Unterrichtsgebiete" stärker hervor. „Sie stellt damit einen Übergang dar zwischen der Stufe des Anfangsunterrichts und dem mit der 5. Klasse einsetzenden Fachunterricht." Aspekte der Versachlichung, der Information sowie der Wissenschaftsorientierung nehmen an Be-

---

EKD zur Bildungsreform im Elementarbereich vom 15./16.3.1974, in: ru 3/1974, S. 37 f.

5 Vgl. für den Religionsunterricht: *Chr. Reents,* Erziehung zum kritisch-produktiven Denken im Religionsunterricht der Grund- und Orientierungsstufe. Theoretische Grundlegung. Gütersloh 1974. – *Dies.,* Kritisch-produktives Denken im Religionsunterricht. Modelle für die Klasse 3 - 6 (Handbücherei für den Religionsunterricht), Gütersloh 1974. – *Dies.*, Erziehung zum kritischen Denken im Religionsunterricht. Schülerhefte und Lehrerheft für das 3. - 6. Schuljahr, Düsseldorf/Frankfurt 1973.

6 Bildungsgesamtplan, a.a.O. S. 23.

deutung zu. Dem entsprechen teilweise schon in der Eingangsstufe neue Inhalte wie moderne Mathematik, eine Fremdsprache sowie Anfänge der Natur- und Sozialwissenschaften. – „Bis zum Beginn der 5. Klasse haben die Schüler im vorfachlichen Unterricht ein Fundament an Grundbegriffen gewonnen und spezifische Arbeitsverfahren kennengelernt. Sie sind in der Lage, ihre Fähigkeiten im Lesen, Schreiben und in Mathematik relativ selbständig anzuwenden. Damit sind die Voraussetzungen (im 5. Schj.) für den Übergang zum Fachunterricht gegeben. Die Schüler sollen im Fachunterricht einfache Formen des Zugangs zu fachlichen Inhalten finden, die geordnet, verarbeitet und dargestellt werden müssen. Der Fachunterricht strebt auf dieser Stufe noch nicht die logisch-systematische Geschlossenheit eines Faches an."[7]

(2) Folgerungen an dem Arbeitsplatz „Schule"

Durch Teilzeitbeschäftigung und Stundenverlagerung unterstützt, vor allem aber bedingt durch eine zunehmende Bedeutung kognitiv-analytischer Leistungen einer wissenschaftsorientierten Grundschule werden vermehrt Fachlehrkräfte im Primarbereich auch schon im 1. Schj. eingesetzt. Und das bei viel Unterrichtsausfall, bei immer noch zu hohen Klassenfrequenzen, bei einer zunehmenden Zahl verhaltensgestörter Kinder, bei Legasthenikern, kurz: bei Kindern, die individuelle Beratung und Förderung brauchen. Durch eine allzu einseitige Betonung kognitiv-analytischer Lernleistungen besteht neuerdings die Gefahr, daß der soziale Charakter der Schule durch Selektion[8] und Verfachlichung vernachläßigt wird. Ein als Fachunterricht erteilter Religionsunterricht bleibt von diesen Mängeln schwerlich ausgenommen.

---

7 *Deutscher Bildungsrat*, Strukturplan für das Bildungswesen, Stuttgart 1970, S. 110 f, 128 ff. Empfehlungen zur Arbeit in der Grundschule. Beschluß der Ständigen Konferenz der Kultusminister der Länder in der BRD vom 2.7.1970, Bonn 1970, S. 25 ff.

8 Vgl. Richtlinien und Lehrpläne für die Grundschule in Nordrhein-Westfalen, Heft 42, 1973, S. 3 f: Hohe Sitzenbleiberquoten, jedes dritte Kind durchläuft die Grundschule nicht regulär; Verdoppelung der Überweisung an Sonderschulen in den letzten zehn Jahren, die vor allem sozial benachteiligte Kinder betrifft u.a. – J. Muth, Die Grundschule der Gegenwart und ihre Reform, in: Der Evangelische Erzieher 27 (1975) S. 153 - 161.

Nach meiner Schätzung wird ein hoher Prozentsatz des überhaupt erteilten Religionsunterrichts im Primarbereich gegeben. Die skizzierten, zum Teil auch notwendigen Veränderungen – z.B. Abkehr von der Idee einer volkstümlichen Bildung – wirken sich vielfach erschwerend auf Quantität und Qualität dieses Unterrichts aus:

- durch eine relativ starke Störanfälligkeit, d.h. minimale Flexibilität großer Schulsysteme, die auf dem Fachlehrerprinzip basieren.
- durch einen vielfach diskontinuierlich und einstündig erteilten Religionsunterricht, in dem sich Schüler und Lehrer nicht mehr kennen können. Denn Grenzen der Erziehung sind da erreicht, wo man sich kaum noch kennt.
- durch mangelnde, auch zeitliche Fortbildungsmöglichkeit angesichts der faktischen Priorität von Fächern wie beispielsweise neue Mathematik in der Grundschule. Auch darf die Feminisierung des Berufes nicht übersehen werden: viele Grundschullehrerinnen sind durch ihre Doppelrolle stark belastet. Der neue Religionsunterricht stellt hohe Anforderungen an Lehrer.
- durch Klassenfrequenzen, die nicht selten einen Unterrichtsstil erzwingen, der einer freiheitlichen Zielsetzung des Religionsunterrichts entgegensteht.
- durch finanzielle Grenzen, die es beispielsweise Lehrern verbieten, „Verschleißmaterial" für die motorisch-manuelle Tätigkeit der Kinder großzügig zu benutzen[9].

Es ist mir unbegreiflich, daß die realen Bedingungen des Arbeitsplatzes „Schule" so wenig untersucht wurden[10], daß sie sich kaum auf religionspädagogische Reformkonzepte ausgewirkt haben. Wer Theorie – Praxis – Vermittlung anstrebt, unter Praxis jedoch einseitig gesellschaftliche Praxis und ihre Veränderung versteht und weniger den Schulalltag mit seinen Grenzen und Chancen[11], der stellt de facto die schulische Grundlage seines Reformkonzeptes in Frage. Werden notwendige Innovationen des Religionsunterrichts nicht auf das real und politisch Mögliche bezogen, so besteht die Gefahr, die eigene Basis zu verfehlen.

---

9 *Ute Moeller-Andresen,* Das erste Schuljahr, Stuttgart 1973, S. 7, gibt an, etwa DM 40,– pro Kind im 1. Schj. zu verbrauchen.

10 Vgl. *H. Keil,* Grundschulpraktikum 1970, Auswertung und Bemerkungen, in: Das Parlament, Beilage „aus politik und zeitgeschichte", B 5/71, S. 19-32.

11 Zur Begründung nenne ich als Beispiel die nicht ausreichende Unterrichtsforschung bei der religionspädagogischen Modellentwicklung.

3. Der Religionsunterricht unter religionspädagogischem Aspekt

(1) Allgemeine Ziele

Der RU ist der umfassenden Zielsetzung der Schule für alle verpflichtet[12]; Ziel dieser Schule ist die Befähigung zu verantwortlicher Wahrnehmung der Freiheit, die unsere Verfassung garantiert und verlangt. Diese Dialektik von gegebener und geforderter Freiheit entspricht einer in biblischer Tradition initiierten, aber uneingelösten Freiheitsgeschichte, die am Denken und Verhalten Jesu orientiert ist: der radikal Gehorsame, der um des Menschen willen ungehorsam sein kann; der Dogmenlose; der situationsbezogen das Notwendige und damit den Willen Gottes tut, der, dem Liebe vor Recht geht. Dieses dialektische Freiheitsverständnis findet sich exemplarisch in biblischer Tradition. Von ihrer Selbstdefinition her würde die Schule verarmen, wollte sie auf die Vermittlung dieses biblischen Freiheitsverständnisses verzichten.

(2) Fachspezifische Ziele

Der RU in der Primarstufe bildet keinen Sonderbereich, in dem eine Sondersprache gesprochen wird. Im Primarbereich geht es darum, die Anfänge von Lernprozessen aufzusuchen, die Freiheit und Bindung in sozialer wie religiöser Perspektive ermöglichen.
In der Zielsetzung des Faches sind gegenwärtige und zukunftsbezogene, religiöse und soziale Aspekte ständig aufeinander zu beziehen. Geht es bei der religiösen Zielrichtung um das Erschließen fachspezifischer Perspektiven von Hoffnung, Erinnerung und Wirklichkeit, so bei der sozialen Zielrichtung um Befähigung zu kommunikativem Leben. Religiöse Bildung wird erst dadurch glaubwürdig, daß sie zu verantwortlichem Handeln, zu freiheitlichem Leben in Gegenwart und Zukunft befähigt.
Daraus ergeben sich folgende *Richtziele* für den Religionsunterricht im Primarbereich:

- „Elementare Erfahrungen werden von Primarschülern z.B. in Familie, Schule, Öffentlichkeit, Kirche, Freizeit und durch Massenkommunikationsmittel usw. gemacht. Dort erleben die Schüler Freude,

[12] Strukturplan a.a.O. S. 29.

Tod, Gerechtigkeit, Angst, Neid, Streit, Gehorsamsforderungen, Strafe, Krankheit, Hoffnung usw. Diese allgemeinen Erfahrungen sollen beobachtet, artikuliert und in ihrer religiösen Dimension erschlossen werden.

- Die Schüler sollen Einblick gewinnen in Ursprung und Herausforderung des Glaubens. Sie sollen an exemplarischen Beispielen mit der Wirkungsgeschichte vor allem des christlichen Glaubens bis in die Gegenwart hinein vertraut gemacht werden.
  Bei Themen, die ihren Schwerpunkt im Bereich gegenwärtiger Erfahrung besitzen, haben biblische Texte oder Themenstellungen aus der christlichen Tradition die Aufgabe, Fragestellungen zu vertiefen und zu Problemlösungen beizutragen.
  Bei Themen, die ihren Schwerpunkt in der Tradition haben, muß die Teilhabe an gegenwärtigen Fragestellungen und Problemen deutlich werden.
  Dabei können die Schüler Möglichkeiten der Selbst- und Weltdeutung entdecken, die dazu beitragen, ihre Einstellungen und Wirklichkeitsweisen in Richtung auf mehr Gerechtigkeit, Humanität und Liebe zu ändern.
- Die Schüler sollen unreflektierte eigene und fremde religiöse Vorstellungen und Formen säkularisierter Frömmigkeit beobachten und soweit wie möglich klären. Sie sollen die eigene kirchliche bzw. nichtkirchliche Herkunft und Gegenwart wahrnehmen, verstehen und mit der Position Andersdenkender vergleichen, um auch dadurch verantwortliche Entscheidungen zu ermöglichen."[13]

(3) Sind diese Ziele theologisch zu legitimieren?

Diese Ziele weisen sich theologisch aus:

– durch die Betonung gesellschaftlicher und individueller *Erfahrungen*[14] in theologischer Deuteperspektive. Es war ja die neutesta-

---

[13] Aus: Rahmenlehrplanentwurf für den evangelischen Religionsunterricht in Niedersachsen in der Fassung vom Juli 1974, Umdruck S. 5. – Vgl. auch die Richtlinienentwürfe von Hamburg (1972), Bremen (im Entstehen), Nordrhein-Westfalen (1974 mit anderer Akzentsetzung), Rheinland-Pfalz u.a.

[14] Der hier dreimal benutzte Begriff der „Erfahrung" kennzeichnet als ein Schlüsselbegriff die religionspädagogische Wende seit etwa 1968. Der Begriff ist vielschichtig: mhd. *ervarn* = „reisend erkunden", d.h. „man begibt sich

mentliche Theologie, die uns die in Bibeltexten auffindbaren Grunderfahrungen sehen gelehrt hat. Wie soll das Kind solche Gegenwartsnähe der Bibel entdecken, wie soll es der Bibel Hilfe und kritische Anfrage entnehmen, ohne Selbstreflexion und Selbstkritik – individuell und sozial – gelernt zu haben?

- durch Reflexion von *Ursprungssituationen* des Glaubens und Unglaubens. Dabei kommt das Normenproblem in den Blick: Gerechtigkeit, Liebe, Humanität, Vertrauen im Sinne Jesu. Wahrheit ist ja Voraussetzung und zugleich Ziel eines Unterrichts, der als kritischer Suchprozeß mit Hilfe vielfältiger Methoden beschrieben werden kann. In diesem Sinne ist christlicher Religionsunterricht parteilich. Denn wo einer ist, dem Liebe fehlt und der nach Gerechtigkeit hungert, da steht Jesus von Nazaret auf seiner Seite[15].
- durch Thematisierung von *Kirche*, Kirchen und säkularisierten Impulsen christlicher *Frömmigkeit*, nicht im Sinne selbstverständlicher Prämissen, sondern im Sinne von Unbekannten, die es wahrzunehmen gilt.

(4) *Mögliche Mißverständnisse*

Wer Lebenssituationen mit Lernsituationen im RU koppelt, der muß auf theologische Mißverständnisse zu antworten versuchen:
Nach eigenen praktischen Unterrichtserprobungen habe ich vielfache Einwände gehört: Glauben gegen den Augenschein, gegen alle Erfahrung, sei doch christlich. Zudem dürften Texte der Heiligen Schrift nicht mit banaler Alltagserfahrung verglichen werden.
Im Gegenteil: ist nicht die Bibel selbst ein Ergebnis vielfältiger geschichtlicher Erfahrungen des Glaubens und Unglaubens? Nur in

---

als ganze Person an einen anderen Ort, um zu sehen, zu hören, mit den Leuten zu reden, ein Gefühl für die Dinge zu bekommen, Werturteile zu fassen". (*H. v. Hentig*, in: Schule als Erfahrungsraum? [Sonderpublikation der Schriftenreihe der Schulprojekte Laborschule/Oberstufen-Kolleg H. 3] Stuttgart 1973, S. 21). Von daher ist der Prozeß des Sammelns von Erfahrungen und das Ergebnis, das durch Erfahrung klug Geworden-Sein, in den Blick zu nehmen. Erfahrung muß man selbst machen; die Vermittlung von Erfahrung ist etwas anderes. Erfahrungslernen ist also ein Lernen durch eigene Praxis. – Wieweit ist es z.B. in einstündigem Fachunterricht: Religion mit ca. 35 Schülern, mit Tafel, Kreide, Heften und Büchern, bei geringer kirchlicher oder religiöser Sozialerfahrung möglich, Gelegenheiten für zubereitete Lernerfahrungen zu schaffen?

15 *D. Zilleßen*, Orientierung an Jesus von Nazareth als Lernprozeß, in: *ders.*, Religionspädagogisches Werkbuch, Düsseldorf 1972, S. 184 - 186.

konkreten Lebenssituationen kann erfahren werden, was Vertrauen gegen alle Erfahrung heißen könnte. Weiter wird (in manchmal abfälligem Ton) von Popularisierung oder Vulgarisierung der Theologie gesprochen. Doch für wen ist der RU da, wenn nicht für den vulgus oder populus, für breite Gesellschaftsschichten? Und wie sollen Religion, Bibel, Kirche denn anders als in alltäglichen Bezügen wirksam werden? Alltagserfahrung ist vielfach banal (positiv im Sinne dessen, was allen gemeinsam ist), vulgär, allgemeinverständlich[16]. Der Primarschüler erfährt Religion primär in diesen Bezügen oder überhaupt nicht. Dann bleibt sie für ihn unverstanden, ohne gesellschaftliche Relevanz und ohne Bezug zu individuellem Erleben.

(5) Voraussetzungen beim Schüler und seinen Bezugspersonen

Wenn also eine verantwortliche Vulgarisierung, Banalisierung von Theologie und Religion zumindest im Unterricht notwendig ist, dann gilt es, Versuche in dieser Richtung ernsthaft und detailliert vom Denken der Schüler her zu prüfen. Dann gilt es, eine verstärkte Aufarbeitung der Differenz zwischen Popularmeinungen und fachwissenschaftlich vertretenen Positionen zu fordern. Binnentheologische Reflexion traditionell theologischer Themen allein genügt nicht mehr[17]. Dann endlich ist die dem Primarschüler und seinen Bezugspersonen in säkularisierter Gesellschaft erfahrbare Religion Thema des RU. Endlich treten dann Erfahrungsarmut und Motivationsschwäche zutage, endlich (in meiner Sicht) auch eine gewisse Religionsunbedürftigkeit[18] breiter Gesellschaftsschichten.

---

16 Der Theologe der Aufklärung erwärmt sich, „wenn es um das Normale, Alltägliche geht, um Dinge, die dem Menschen zu Nutz und Frommen sind." . . . Es sollte nicht übersehen werden, „welch menschlicher und christlicher Wert der Liebe zum Alltäglichen zukommt, dem Alltäglichen, das aus dem Abstand immer banal wirkt." (*T. Rendtorff*, Christentum außerhalb der Kirche, Hamburg 1969, S. 63).

17 Solange von fachwissenschaftlicher Seite noch so wenig Impulse vernehmbar sind, muß der Religionspädagoge allein an den Fragen arbeiten, zu denen ihn seine Schüler herausfordern. Ihm muß es um eine handlungs- und praxisrelevante Übersetzung wissenschaftlicher Erkenntnis gehen. Zugleich erbittet er Kooperation und wehrt sich gegen den Vorwurf, er müsse mit seinem Verständnis der Aufgabe prinzipiell an theologischem Profil verlieren.

18 Vgl. zum Problem: *K.E. Nipkow*, Braucht unsere Bildung Religion? Zur gesellschaftlichen Verwendung religiöser Erziehung und zur Gesellschaftsferne der Religionspädagogik, in: Begegnung und Vermittlung. Gedenkschrift für I. Röbbelen, Dortmund 1972, S. 37 - 54.

Nun ist ein an diesen drei Richtzielen orientierter Lernprozeß nicht nur bezüglich der vom Lehrer vertretenen Theologie, sondern vor allem beim Schüler an *Voraussetzungen* gebunden, z.B. an sein sprachliches Ausgangsverhalten. Vorfindlich sind zumeist: geringer Wortschatz, einfacher Satzbau, Wiederholungen derselben Wörter und Satzmuster, mangelnde Distanz zu sich selbst, Unsicherheit bei verschiedenen Alternativen und Sehnsucht nach der einen richtigen Lösung, Neigung zu Klischees und kaum noch vertretbaren Vereinfachungen; sprachliche, kognitive, soziale und affektive Kompetenz stehen dabei in einer komplizierten Wechselbeziehung.

Zur Unterstützung dieser Aufreihung sei an eine jedem Lehrer bekannte Unterrichtssituation erinnert. Eine Geschichte – etwa über Streit auf dem Schulhof – wird bis zum Höhepunkt des Konflikts erzählt. Die Schüler sollen anschließend verschiedene Lösungsmöglichkeiten für die entstandene Situation überlegen, die nebeneinandergestellt und diskutiert werden. Es soll deutlich werden, daß mehrere Lösungen der Situation angemessen sind. Nicht selten fragt jedoch ein Schüler am Schluß: „Und wie geht die Geschichte richtig zuende?" Der Wunsch nach der einen richtigen Lösung ist charakteristisch für diese Altersstufe.

Zudem können religiöse Erfahrungen im sozialen Bezugsfeld vieler Primarschüler nicht fraglos vorausgesetzt werden, denn ein Teil von ihnen wächst in einem religionsbedürftigen Milieu auf. Auch wenn Kinder offen sind für vielfältige neue Erfahrungen, so will doch die Sprache der Religion, will deutendes Denken und Sprechen erlernt sein. Viele Primarschüler müssen die Fähigkeiten erst erwerben,

- eigene und fremde Erfahrungen zu versprachlichen,
- Sprache differenziert zu verstehen und unter verschiedenen Perspektiven zu deuten,
- Probleme überhaupt zu sehen (zu entdecken),
- Probleme zu lösen und unterschiedliche Problemlösungen vergleichend zu beurteilen.

Ein *Beispiel:* Wenn viele Kinder vom Sehen und Blindsein nur im real-körperlichen Sinne sprechen, so ist das zu eingeschränkt. Religiöse Sprache dringt tiefer ein: auch Sehende können blind sein, blind für ihr Versagen, für das Notwendige, für ihre Mitmenschen. Wer biblische Geschichten von der Heilung eines Blinden nur in der Dimension des Faktischen versteht, verfehlt die mit dem Symbol gemeinte Wirklichkeit.

Im RU sollte der Lernprozeß seinen Weg von einer zumeist voraussetzenden Undifferenziertheit des Denkens und Sprechens zur Befähigung der Schüler zu differenzierterem Fragen, Beobachten und Sozialverhalten, zur Mehrdimensionalität deutenden Denkens und Sprechens suchen. Als Fachunterricht ist der RU dabei auf Kooperation mit den unter vergleichbarer Zielsetzung arbeitenden Fächern (z.B. Sprache, Sozialerziehung, Sexualerziehung) angewiesen. Ferner: Kinder lernen nicht nur durch Belehrung, Sprechen und Nachdenken, sondern auf vielen Wegen, vor allem auch durch Praxis. Deshalb gilt es, eine gewisse „Kopflastigkeit" zu vermeiden zugunsten vielfältiger Arbeitsformen und Praxiserfahrungen. Für manche Schüler hat die von der Struktur des Faches her notwendige Spracherweiterung wenig Beziehung zu ihrer oft eindimensional erfahrenen Wirklichkeit. Der RU ist im Primarbereich deshalb auch auf nonverbale Kommunikationsformen angewiesen und hat diese zu versprachlichen. Insgesamt darf Religion für Kinder nicht nur in Büchern oder Texten zu finden sein, sondern ebenso im Fühlen, im Verhalten.

(6) Zusammenfassung

Soweit Reformansätze für den Religionsunterricht im Primarbereich vorliegen, setzen sie den kritischen, reflexionsfähigen Grundschüler voraus, ohne jedoch die Bedingungen, den Prozeß und mögliche Ergebnisse einer Erziehung zu produktivem Denken und religiöser Urteilsfähigkeit zu prüfen sowie ein entsprechendes fachspezifisches Lernangebot zu schaffen bzw. zu beschreiben. Es fehlen Belege über Ausgangslage und Ergebnisse solcher Denk- und Lernprozesse[19]. In der Schulwirklichkeit fehlt vielfach der kontinuierliche RU durch fachlich aus- und weitergebildete Lehrkräfte.

19 Ausnahmen: *G.K. Wiencke*, Christliche Unterweisung und geistige Entwicklung des Kindes, in: Praxis Ecclesiae, Festschrift für Kurt Frör, hg. von D. Stollberg, München 1970, S. 174 - 189. – *R. Goldman*, Vorfelder des Glaubens, Neukirchen 1972. – *Chr. Reents*, a.a.O. 1973/74 (s. Anm. 5).

ZWEITES KAPITEL

Kind – Gesellschaft – Religionsunterricht

Offene Fragen

1. Der Schüler im Konzept der Evangelischen Unterweisung – kritisch gesehen

Im Konzept der Evangelischen Unterweisung [EU] wird das Kind wie jeder Mensch als Gottes Geschöpf unter seinem Gebot und seiner vergebenden Liebe verstanden. Dem Kinde sei eine eigene Glaubensentscheidung unmöglich. Wegen der grundsätzlichen Diskrepanz zwischen Religion und Glauben könne von einer „Religion des Kindes" nicht die Rede sein. Da vom Kinde nur als dem getauften Kind[1], d.h. als einem im soteriologischen Sinn von Gott Angenommenen die Rede ist, wurde der EU eine „Verleugnung des Kindes" in seiner spezifischen Wirklichkeit vorgeworfen[2]. Sofern die EU nach den speziellen Fähigkeiten des Kindes fragte, betonte sie dessen meditativen Fähigkeiten: es sei offen gegenüber der Wahrheit, verhalte sich noch nicht kritisch, habe Zugang zur hintergründigen Anschaulichkeit mythischer Weltdeutung[3].

Diese Sicht des Kindes beruht auf der Prämisse, daß christlicher Glaube etwas total anderes als das Menschenwerk der Religionen sei: „Nicht als ‚religiöser' Mensch steht der Mensch vor Gott, so wenig wie in irgendeiner anderen menschlichen Eigenschaft, sondern in der Göttlichen Eigenschaft, in der Christus vor Gott stand in der Stunde, da sein ‚religiöses Bewußtsein' das Bewußtsein seiner Gottverlassenheit war. Von dorther, von dem am getöteten Leibe des Christus an-

---

1 *H. Kittel*, Vom Religionsunterricht zur Evangelischen Unterweisung, Hannover 1947.

2 *W. Loch*, Die Verleugnung des Kindes in der evangelischen Pädagogik, Essen 1964. – *M. Langeveld*, Das Kind und der Glaube, 2. Aufl. Braunschweig 1964. – *H.J. Fraas*, Religiöse Erziehung und Sozialisation im Kindesalter, Göttingen 1973.

3 *G. Bohne*, Kritisches und meditatives Denken in der Begegnung mit dem Evangelium, aus: EE 7. Jg./1955, S. 73 - 81. – *I. Baldermann*, Biblische Sprache und kindliches Verstehen aus: Neue Sammlung Jg. 1, 1961, S. 57 - 64.

schaulich werdenden Nicht-Sein des Menschen (gerade des religiösen Menschen!) her die Versöhnung, die Vergebung, die Rechtfertigung, die Erlösung."[4] D.h. von der Offenbarung Gottes her gelte dem Kinde wie jedem Menschen immer schon die vergebende Liebe Gottes, die nach Entscheidung, nach Antwort verlangt.
Das Bild der Evangelischen Unterweisung vom Kinde beruht auf einer Fehleinschätzung seiner kognitiven Fähigkeiten sowie seiner gegellschaftlichen Umgebung. Wer in der religiösen Erziehung von der naiven, meditativen Gläubigkeit des Kindes ausgeht, unterschätzt die Intensität und Radikalität kindlicher Kritik[5]. Der Konflikt zwischen dem tatsächlichen Verhalten Erwachsener und religiösen Vorstellungen, die Kindern vermittelt werden, kann schon „den Kleinen" nicht verborgen bleiben: es ist der Konflikt zwischen rationaler Welterfahrung und unverstandenen Glaubensformeln[6], die Differenz zwischen einer von Kindern und Jugendlichen erwarteten kirchlichen Praxis und dem Verhalten Erwachsener. Beides sei kurz ausgeführt: Religiöse Erziehung darf niemals Einübung in magische Denkweisen oder unwahre Vorstellungsmuster sein. Z.B. halte ich das Kindergebet „Lieber Gott, mach mich fromm, daß ich in den Himmel komm" theologisch kaum für haltbar, denn nach dem Evangelium ist Frömmigkeit (allein) kein Weg zu Gott. Jesus und Paulus finden sich auf seiten der Gottlosen, und selbst von einem Rabbi wurde überliefert: „Wer nur fromm ist, ist ein Gauner; wer es gar nicht ist, ist auch nicht besser." Menschlich gesehen will das Kind auf der Erde Fuß fassen. Deshalb auch Umdichtungen wie: „. . . und stell' auch eine Leiter dran, daß ich wieder runter kann" oder „. . . fromm, daß ich in der Mama ihr Bett komm."
Da kindliches Lernen weithin Imitationslernen ist – Beobachten, Nachahmen, Nachsprechen, Gewöhnung –, darf nicht mehr an religiöser Praxis von Kindern erwartet werden, als Erwachsene zu leben

---

4 *K. Barth*, Der Römerbrief, 2. Aufl. München 1922, S. 216 und 220.

5 *M. Langeveld*, Das Kind und der Glaube, 2. Aufl. 1964, S. 21, bestreitet sogar den Zusammenhang zwischen naiver Gläubigkeit und Religion. – Zur Radikalität kindlicher Kritik vgl. *J. Klink*, Die Theologie der Kinder – eine kleine Theologie für Eltern. Band 1: Kind und Glaube (1971); Band 2: Kind und Leben (1972); Band 3: Kind auf Erden (1973), Düsseldorf/Zürich. – *Chr. Reents*, Erziehung zum kritisch-produktiven Denken im Religionsunterricht der Grund- und Orientierungsstufe, Gütersloh 1974, S. 35 ff.

6 Vgl. *H. Halbfas*, Revision der religiösen Erziehung, in: information zum religionsunterricht 1/1972; 3/1972; 3/1974.

bereit sind. Wer als Kind den Kindergottesdienst besucht, aber nicht erlebt, daß seine Eltern zur Kirche gehen, wird schwer das Gefühl los, christlicher Glaube sei nur etwas für Kinder. Wenn man groß werde, wachse man darüber hinaus. Ähnlich ein Konfirmand über den Kirchenbesuch: „Mein Vater hat gesagt, ich muß da durch. Er mußte da auch durch." (13 Jahre, 1970, Ostfriesland)

2. Der Schüler unter anthropologischem Aspekt

Demgegenüber suchen neuere religionspädagogische Konzepte einen anthropologischen Ansatz: Religion[7] als anthropologische Gesamtorientierung auf Unbedingtes, als umfassende menschliche Kategorie, nicht gebunden an bestimmte, z.B. kirchliche Erscheinungs- oder Sozialformen.

> „Die Aufgaben der religiösen Erziehung decken sich folglich mit den Aufgaben einer allgemeinen menschlichen Erziehung, aber erschöpfen sich nicht darin. Weil Religiosität keine Sondereigenschaft des Menschen ist, sondern zum geistigen Urvermögen des Menschen gehört, in dem er sich selbst zu erkennen sucht, bedeutet religiöse Erziehung: Erschließung des Menschen für sein tiefstes Vermögen; Überwindung der Selbstentfremdung; Hilfe zur Selbstfindung."[8]

Auch wenn ich diesem Versuch tendenziell zustimme, bleiben mir doch offene Fragen. Religion wird hier ontologisch als Urvermögen des Menschen definiert[9], unabhängig von der Frage, ob rein diesseitige Sinngebungsversuche, ob ein dezidiert nichtreligiöses Wirklichkeitsverständnis auch als Religion bezeichnet werden können, unabhängig auch von den jeweiligen geschichtlich-gesellschaftlichen Konkretionen und Einschränkungen, unabhängig schließlich von tatsächlichen geschichtlich-gesellschaftlichen Verwendungszusammenhängen.

---

7 Vgl. zusammenfassend: *H. Halbfas*, Lehrerhandbuch Religion, Düsseldorf/Stuttgart 1974, S. 11 ff im Anschluß an *S. Vierzig*. – Dazu kritisch; *K. E. Nipkow*, Braucht unsere Bildung Religion? (s. 1. Kap. Anm. 18).

8 *H. Halbfas*, a.a.O. in: informationen zum religionsunterricht 1/1972, S. 9.

9 *H.R. Schlette*, Artikel: Religion, in: Handbuch philosophischer Grundbegriffe V, 1233 - 1250, München 1974. – Religion als einer „im Menschen gegebenen Absolutheitsphäre, die, wenn nicht durch Gott, dann durch Götzen okkupiert werde" – dieser „neue formalisierte Begriff ist freilich zahlreichen Mißdeutungen ausgesetzt, so daß das Wort „Religion" auf dieser gemeinten Ebene, wäre dies möglich, tunlichst vermieden würde" (Sp. 1239).

Religion und Religionsunterricht: allüberall im Leben, allgegenwärtig in der Schule? Warum also ein besonderes, dazu noch gesetzlich geschütztes Schulfach? Diese offene Frage kennzeichnet den gegenwärtigen Diskussionsstand.
Bezogen auf Problemstellung dieses Kapitels möchte ich festhalten: Es handelt sich bei dem Komplex kindlicher wie menschlicher Religiosität um komplizierte Prozesse, in denen individuelle Bedingungen und Voraussetzungen soziale Lernprozesse und anthropologische Grundgegebenheiten als Faktoren wirksam werden[10].

(1) Psychosozial

Schon mit den Anfängen von Erziehung überhaupt beginnt auch die religiöse Erziehung. Beim Kleinkind können religiöse Haltungen ermöglicht werden als Urvertrauen zu sich selbst und zur Umgebung (Fürsorge, Aufmerksamkeit, Geduld, Liebe der Bezugspersonen, Vertrauen in die Sinnhaftigkeit des Miteinanders, Aufbau von Werten). Diese erste Phase entscheidet mit über das Verhältnis eines Menschen zu Vertrauen und Mißtrauen, Liebe und Haß, Kooperationsfähigkeit und Eigensinn, Autonomie, Freisetzung und Unterdrückung, Hoffnung und Enttäuschung. Ohne diese Grunderfahrungen ist der rein kognitive Erwerb z.B. von biblischen Grundkenntnissen fragwürdig[11].

(2) Sozialisationsbezogen

Ein gewisser Anteil von religiösen Haltungen kann durch soziale Lernprozesse erworben werden: etwa bis zum Alter von zehn bis zwölf Jahren steht die Übernahme von religiösen Gewohnheiten und Überzeugungen der sozialen Umgebung (Religionsgemeinschaft/Milieu) im Vordergrund: Teilnahme am Gottesdienst, Abendgebet u.ä., Nachahmen von Sitten (= soziale Komponente), Übernehmen religiöser Gefühle (= affektive Komponente) und zuletzt Aneignen von religiösem Wissen (= kognitive Komponente). Wenn die Erziehungsmächte die religiöse Tradition bejahen, können beim Kind sehr positive re-

---

10 *R. Oerter*, Moderne Entwicklungspsychologie, 11. Aufl. Donauwörth 1972, S. 287 - 295. – *H.J. Fraas*, Religiöse Erziehung und Sozialisation im Kindesalter, Göttingen 1973. –

11 *E.H. Erikson*, Kindheit und Gesellschaft, 4. Aufl. Stuttgart 1971, S. 244, 248 u.ö.

ligiöse Haltungen entstehen. In diesem Sinne ist Religion eine Hilfe zur Integration, zur Anpassung an die von den Erziehungsmächten vertretenen Normen[12].

Untersuchungen über Ursprungsschicksale aus wertneutralen und atheistischen Elternhäusern sind mir nicht bekannt. Ich beobachte jedoch Indifferenz und Ablehnung gegenüber dem Religionsunterricht vom 1. Schuljahr an.

Mit zunehmendem Alter und zunehmenden Vergleichsmöglichkeiten, vor allem beim Berufsanfang, werden religiöse Werte nicht mehr so positiv wie in der Kindheit eingestuft. Im Vergleichen erfährt der Jugendliche eine Diskontinuität zwischen den ihm zumeist als Kind anerzogenen religiösen Vorstellungen und Normen und ihrer gesellschaftlichen Geltung. Es folgt eine Anpassung an die jeweilige gesellschaftliche Praxis und zum Teil eine kritische Auseinandersetzung mit der bisher erworbenen Religiosität. Auf eine Periode des Assimilierens folgt eine des Problematisierens, der Selbstbildung[13].

(3) Anthropologisch-theologisch

Daneben sprechen eine Reihe von Hinweisen dafür, daß das Individuum von sich aus religiöse Fragen stellt, die zumeist dem Wissen um die Zeitlichkeit des eigenen Daseins entspringen. Diese Fragen nach dem Woher, Wohin und Warum setzen in der Kindheit ein, erfahren vielfach jedoch in der Pubertät eine Intensivierung als Reflexion über den Sinn des Daseins; neben der affektiven Komponente gewinnt dann die kognitive an Bedeutung.

Mögliche *Ergebnisse* dieses komplexen Prozesses:
- Übernehmen des im Sozialisationsprozeß Gelernten
- Bruch mit der anerzogenen Religion
- Indifferenz

---

12 *M. J. Langeveld*, a.a.O. S. 23 ff und 42 (s.o. Anm. 2). – *R. Oerter*, a.a.O. (s.o. Anm. 10). – *D. Stoodt*, Die gesellschaftliche Funktion des Religionsunterrichts aus: EE · Jg. 21/1969, S. 49 - 61. – *Ders.*, Information und Interaktion im Religionsunterricht, in: Anstöße 1/2, Hofgeismar 1970 (nicht im Buchhandel). – *Ders.*, Religion in religionssoziologischer Betrachtung, ERB 18/1970. – *Ders.*, Die Praxis der Interaktion im Religionsunterricht, aus: EE 23. Jg./1971, S. 1 - 10.

13 *M. Langeveld*, a.a.O., S. 27 ff. – *R. Oerter*, a.a.O. – *H. Loukes*, Glaube zwischen 14 und 18, Konstanz 1968. – *N. Havers*, Der Religionsunterricht. Analyse eines unbeliebten Faches, München 1972.

- Ignoranz
- Skepsis
- neues Verhältnis zur überlieferten Religion
- persönlich eigenständige Religiosität, selbstübernommene Verantwortung.

3. Folgerungen für den Religionsunterricht im Primarbereich

(1) Voraussetzungen

Das erzieherische Klima im Elternhaus und sozialer Umgebung disponiert Kinder für später mögliche religiöse Haltungen: Ichfindung, Urvertrauen bzw. Mißtrauen, Kommunikation und Sprachfähigkeit. Später sucht das fragende Kind schon vor Schulbeginn nach Sinnzusammenhängen. Indem es Kultur übernimmt, formt es sich durch soziale Lernprozesse langsam sein erstes Weltbild. Religion als Sinndeutung kann ebenso wie die Wärme und Qualität der Erziehung eine ermutigende Sicherheit geben.

(2) Aufgaben

- Beobachten der verschiedenen Voraussetzungen, die Kinder durch ihre religiöse Erziehung im Elternhaus und im Elementarbereich bzw. durch das Fehlen religiöser Fragestellungen mitbringen (Bestandsaufnahme, Diagnose – vgl. das dritte Kapitel).
- Erweiterung und Aufarbeiten von religiösen Erfahrungen der Primärsozialisation durch Austausch mit anderen (Interaktion). Dabei werden neue Erfahrungen ermöglicht und neue Lernangebote verarbeitet (z.B. Vermittlung von religiösem Grundwissen, Verständnis für Zusammenhänge).
- Ermöglichung eines ersten Problembewußtseins. Da heute keine einheitliche religiöse Kindererziehung in der Familie vorausgesetzt werden kann, kann sich durch Vergleichen eine erste Rollendistanz ergeben. Vergleichsmöglichkeiten fördern die Kritikfähigkeit.
- Befähigung, religiöse Sprache und Symbole zu verstehen durch Erziehung zu deutendem Denken und Sprechen. Verbesserung noch mangelhafter Sprachmittel.

Zusammenfassend handelt es sich um den Erwerb der Fähigkeit, religiöse Fragen überhaupt stellen zu können.

LITERATUR ZUR RELIGION DES KINDES

H. D. Bastian/J. Röbbelen, Kind und Glaube, Heidelberg 1964.

F. Betz u.a. (Hrsg.), Religiöse Elemente in der Vorschulerziehung (in: Zum Religionsunterricht morgen V), München/Wuppertal 1973.

DJI aktuell AG Vorschulerziehung, Anregung I (Zur päd. Arbeit im Kindergarten) Juventa 1974.

H. Diem/M. J. Langeveld, Untersuchungen zur Anthropologie des Kindes, Heidelberg 1960.

E. H. Erikson, Kindheit und Gesellschaft, 4. Aufl. Stuttgart 1971.

W. E. Failing, Religiöse Sozialisation des Kleinkindes, in: religionspädagogisches werkbuch, hg. D. Zilleßen, Frankfurt 1972, S. 42 - 97.

H. J. Fraas, Religiöse Erziehung und Sozialisation im Kindesalter, Göttingen 1973.

R. Goldman, Vorfelder des Glaubens, Neukirchen 1972.

J. Klink, Die Theologie der Kinder – eine kleine Theologie für Eltern. Band 1: Kind und Glaube (1971); Band 2: Kind und Leben (1972); Band 3: Kind auf Erden (1973), Düsseldorf/Zürich.

M. J. Langeveld, Das Kind und der Glaube, 2. Aufl. Braunschweig 1964.

M. J. Langeveld, Kind und Jugendlicher in anthropologischer Sicht, Heidelberg 1965.

X. Lefebvre/L. Perin, Das Kind vor Gott. Die religiöse Erziehung von Kindern im 3. bis 5. Lebensjahr Nr. 59. 2. Aufl. München 1969.

M. Leist, Erste Erfahrungen mit Gott, (Herderbücherei Bd. 409) Freiburg 1973.

W. Loch, Die Verleugnung des Kindes in der evangelischen Pädagogik, Essen 1964.

H. Loukes, Glaube zwischen 14 und 18, Konstanz 1968.

R. Oerter, Moderne Entwicklungspsychologie, 11. Aufl. Donauwörth 1972 (Abschnitt 3.32: Zur Entwicklung der religiösen Gesinnung).

J. Piaget, Das moralische Urteil beim Kinde, Zürich 1954.

R. Pohl, Die religiöse Gedankenwelt bei Volks- und Hilfsschulkindern, München/Basel 1968.

K. Rahner, Gedanken zu einer Theologie der Kindheit, in: Geist und Leben 1963.

P. Rawenz, Religionspädagogik des Kleinkindes, 3. Aufl. Einsiedeln/Zürich/Köln 1971.

H. Stock, Das Kind im Evangelium (1948), in: Beiträge zur Religionspädagogik, Gütersloh 1969.

Außerdem in dem Lexikon „Religion in Geschichte und Gegenwart" (RGG), 3. Auflage, die Artikel „Religionspsychologie des Kindes" (Bohne), „Kindheit" (Langeveld).

DRITTES KAPITEL

Zur Ermittlung der Lernausgangslage im Religionsunterricht
Vorprägungen, Vorerfahrungen, Vorkenntnisse, Interessen

Die folgenden Überlegungen gliedern sich in vier Abschnitte:
Der erste nennt vier Begründungszusammenhänge für die Notwendigkeit von Bestandsaufnahmen zur Schülersituation im Religionsunterricht. Der zweite reflektiert Methodenprobleme unter spezieller Berücksichtigung des Primarbereichs. Auf diesem Hintergrund können im dritten Teil Folgerungen zur Planung von Lernprozessen versucht werden, die im vierten Teil anhand von Fragebogenergebnissen zum Thema „Jesus von Nazaret" konkretisiert werden.

1. Begründung für die Notwendigkeit von Bestandsaufnahmen

1.1 Theologisch

Jede Theologie, die sich nicht intensiv mit religiöser Popularmeinung und -praxis auseinandersetzt, gerät in Gefahr, einseitig individuelle Denkweisen und Emotionen des Unterrichtenden oder aber Wertvorstellungen und Verhaltensnormen der Gesellschaftsschicht zu reproduzieren, der sie selbst entstammt[1]. Damit entfernt sie sich von den ihr mehr und mehr fremden Gesellschaftsschichten, nimmt sich selbst Möglichkeiten der Vermittlung und kann in ein Ghetto geraten. Eine vorbehaltlose Anpassung theologischen Denkens und christlichen Handelns an Popularmeinungen und -praxis ist abzuwehren. Intendiert ist vielmehr der Prozeß einer Erneuerung des Denkens und Verhaltens in Richtung auf ein neues Gottesverhältnis, auf mehr Kongruenz zwischen theoretischer Glaubensaussage und Verhalten, auf mehr Zuversicht, Solidarität, Gerechtigkeit.

---

1 *W. Bernsdorf*, Wörterbuch der Soziologie, Bd. 2, Stuttgart 1972 (Fischer Tb 6132), Art.: Ideologie, S. 354 - 357. – *W. Post*, Art.: Ideologie – Ideologiekritik, in: Religionspädagogisches Werkbuch, hg. D. Zilleßen, Frankfurt 1972, S. 121 - 127.

1.2 Religionspädagogisch

Der thematisch-problemorientierte RU geht von der Einsicht aus, daß die Lebenswelt der Heranwachsenden als Kontext aller schulisch vermittelten Lernprozesse ernst genommen werden muß[2]. Religionspädagogisch gesehen heißt das: der christliche Glaube als Chance der Lebensgestaltung muß in das Leben der Schüler übersetzt werden. Ohne Kenntnis der Lernausgangslage ist das unmöglich.
Von der systematisch reflektierenden Religionspädagogik ist eine verstärkte Aufarbeitung der Differenz zwischen Popularmeinungen und fachwissenschaftlich vertretenen Positionen zu fordern. Nur binnentheologische Reflexion genügt nicht. Deshalb muß der Religionspädagoge an den Fragen arbeiten, zu denen ihn seine Schüler herausfordern.
Zudem ist eine dikaktische Begründung durch die deutende Sprache der Religion gegeben: Möglichkeiten der Spracherweiterung können nur im Kontext des Sprachgebrauchs des jeweiligen sozialen Umfeldes definiert werden; deshalb müssen verbale und nonverbale Bestandsaufnahmen der jeweiligen religiösen Sprachvoraussetzungen im RU durchgeführt werden.

1.3 Lernpsychologisch

Solange der RU nicht nur im Primarbereich von entwicklungspsychologischen Vorstellungen ausgehen zu können meinte, konnte er ohne

---

2 *W. Loch*, Die Verleugnung des Kindes in der evangelischen Pädagogik, Essen 1964. – *H.B. Kaufmann*, Problemorientierter thematischer Religionsunterricht, in: Religionspädagogisches Werkbuch, hg. D. Zilleßen, Frankfurt 1972, S. 102. – *H.K. Berg/ H.H. Strube*, Verfahren und Materialien zur Erhebung von Schülereinstellungen und -interessen (am Beispiel der Themen „Wunder" und „Gastarbeiter), in: D. Aschenbrenner, RU in der Berufsschule, München 1972. – *S. Berg/H.K. Berg/H.H. Strube*, Erhebung von Interessen und Einstellungen der Schüler; *H.K. Berg/F. Doedens*, Gesichtspunkte zur Beurteilung von Unterrichtsmodellen. Beide in: Unterrichtsmodelle im RU. Zur Praxis und Theorie, hg. H.K. Berg/F. Doedens, Frankfurt/München 1974, S. 35 ff und 56 - 72. – *Th. Bruinier*, Mit Schülern Lernprozesse planen und durchführen, in: informationen zum religionsunterricht 3/1973, S. 14 - 18; 1/1974, S. 17 - 25. – *F. W. Niehl*, Was ist und wozu führt die Situationsanalyse? in: P. Jansen (Hg.), Orientierungen, Zürich/Köln 1974, S. 20 - 37.

generelle und spezielle Bestandsaufnahmen versuchen, das Interesse und die Lernvoraussetzungen seiner Schüler zu beschreiben[3].

Nach lernpsychologischen Vorstellungen entstehen nicht nur beim Kind Motivation und Interesse durch intensives Ansprechen des Neugierverhaltens als eigener Motivationsgrundlage (Reizangebote der Umwelt)[4]. Interesse an Neuem kann Lernprozesse initiieren; um sie dann weiterhin lebendig zu halten, ist eine ständige Verknüpfung zwischen Neuem und Vertrautem bzw. schon Gelerntem, schon Erfahrenem erforderlich.

Deshalb muß der Unterrichtende möglichst genau Kenntnisse gewinnen von dem, was seinen Schülern neu und was ihnen bekannt ist. Im Lernprozeß verfolgt eine Bestandsaufnahme folgende *Ziele:*

- ermitteln, was das Neugierverhalten anzusprechen vermag (Themenfindung);
- analysieren, diagnostizieren von latenten Vorprägungen, Vorerfahrungen, Vorkenntnissen, Einstellungen, Erwartungen, Desinteresse, Mißverständnissen, d.h. Berücksichtigung der voraufgegangenen religiösen Sozialisation;
- ordnen von genannten Vorstellungen oder von Vorwissen;
- ermitteln von Defiziten (Themenfindung);
- herausfinden des Bekannten, Gelernten, der Erfahrungen, mit denen Neues verknüpft werden sollte (Themenstrukturierung);
- Differenzierung ermöglichen;
- kritisches Prüfen von in der Literatur formulierten Zielen.

1.4 Zur Begründung aus der neuen Schulsituation

Solange der Religionsunterricht in der bisherigen Grundschule in relativ übersichtlichen Verhältnissen vom Klassenlehrer erteilt wurde, konnten die den Unterricht bedingenden Voraussetzungen zumindest vom jeweiligen Lehrer für seine Klasse relativ eingeschätzt wer-

---

3 Ein instruktives Beispiel: Kat. Amt Hannover, Arbeitsplan für die evangelische Unterweisung an Volksschulen, Loccum o.J. (ca. 1964), S. 5: magisch-mythische Phase → sechs Wundergeschichten zu Beginn des 1. Schj. – Zur Kritik vgl. *Chr. Reents*, Erziehung zum kritisch-produktiven Denken im Religionsunterricht der Grund- und Orientierungsstufe, Gütersloh 1974, S. 97 - 103.

4 *R. Oerter*, Moderne Entwicklungspsychologie, 11. Aufl. 1972, S. 139 ff. – *M. Wagenschein*, Verstehen lehren, 1968, S. 92 ff.

den. Mit zunehmendem Fachlehrersystem wird es auch im Primarbereich notwendig, Schülersituationen zu analysieren.

1.5 Zusammenfassend bleibt festzustellen, daß es sich der Gesamtzielsetzung nach nicht um einen schülerzentrierten Unterricht handelt, sondern um den Versuch, Defizite bisheriger Lernplanung zu mindern. Wenn Unterricht von den vier Determinanten: Schüler, Lehrer, Fachwissenschaften, Gesellschaft her geplant werden sollte, dann gilt es, exakter als bisher üblich die Situation des Schülers, seine gegenwärtigen und künftigen Bedürfnisse zu erkunden.
Damit stehen wir vor der Aufgabe, Methoden zu finden und anzuwenden, um
- im *kognitiven* Bereich: Vorverständnis, Vorkenntnisse und Defizite, Interesse und Desinteresse,
- im *sozialen* Feld seine Verhaltensmuster,
- im *affektiv-emotionalen* Bereich: Vorprägungen, Erwartungen

der Schüler analysieren zu können.

Es wäre eine Überforderung, wollte man anstreben, daß sich Primarschüler ihre Themen ausschließlich frei wählen und ihre Arbeitsverfahren selbst bestimmen[5]. Voraussetzung wären ein entsprechender Überblick, Erfahrung, Kenntnis und Selbsterkenntnis.
Ebenso ist jedoch die Prämisse abzulehnen, als müßten Kinder erst einmal aufnehmen, Kenntnisse speichern, um diese abrufbereit zur Verfügung halten zu können. Ziel müßte sein, schon Primarschüler ansatzweise zu beteiligen, sie zur Artikulation ihrer Interessen, zur Auswahl von Themen und Verfahren zu befähigen, um sie dadurch auch anzuleiten, sich selbst sinnvoll Ziele zu setzen. Denn: „Das Recht auf eigene Entscheidungen und Selbstbestimmung ist eine der substantiellen Zielsetzungen der neuen Schule. Die Fähigkeit jedoch, dieses Recht auch wahrnehmen zu können, . . . muß erlernt werden."[6]

---

5 gegen *Th. Bruinier* S. 18 (s.o. Anm. 2).
6 *Deutscher Bildungsrat,* Empfehlungen der Bildungskommission: Strukturplan für das Bildungswesen, S. 141.

2. Zur Wahl der Methoden

Exakte Methoden der empirischen Sozialforschung[7] wurden bisher relativ wenig zur Bedarfserforschung im RU eingesetzt[8]; Beispiele aus dem Primarbereich sind mir nicht bekannt[9]. Für „Bestandsaufnahmen" ist deshalb zu fordern, daß Methoden und Ergebnisse sozialwissenschaftlicher und psychologischer Untersuchungen in Beziehung gesetzt werden zu Erhebungen aus dem Unterricht der jeweiligen Klasse, bezogen auf *generelle* Interessenerkundung und auf das *spezielle* Unterrichtsthema. Wissenschaftliche Verfahren sollten ergänzt werden durch im Unterricht realisierbare Methoden, um ein möglichst exaktes Bild von den speziellen Voraussetzungen der jeweiligen Lerngruppe zu gewinnen. Denn gesellschaftliche Einstellungen spiegeln sich oft durch eigentümliche „Brechungen" in das schulische Sozialsystem hinein (z.B. werden Schüleräußerungen vielfach unbewußt gefiltert durch Vermutungen über das, was Lehrer hören wollen).

Da die religionspädagogische Forschung diese Aufgabe gerade erst wahrgenommen hat, läßt sich diese Forschung zur Zeit noch kaum realisieren. Keinesfalls darf jedoch auf die im Unterricht praktikablen Methoden verzichtet werden.

Einschlägige Befragungen, Sammlungen von Schülermeinungen u.ä. gewinnen ihre Ergebnisse in der Dimension des Kognitiven; die Dimension des Affektiven und des Verhaltens fehlt zumeist. Christlicher Glaube im Sinne verantworteten Sozialverhaltens, im Sinne von Geborgenheit und Liebe, im Sinne zukunftsbezogener Vertrauensvorgabe ist jedoch nicht ablösbar von der Dimension der Emotionalität und des Verhaltens. Ich kenne keine empirische Untersuchung, die Gefühlsbildung und Gefühlsbindung an Kategorien, die Menschliches transzendieren, berücksichtigt.

---

7 *P. Atteslander*, Methoden der empirischen Sozialforschung. (Sammlung Göschen 4 229) 2. Aufl. Berlin/New York 1971. – *K. Hurrelmann*, Unterrichtsforschung als angewandte Sozialforschung, in: betrifft: erziehung 7. Jg./1974. – *R. Ritter*, Grundfragen der Soziologie, Zürich/Köln 1973.

8 *N. Havers*, Der Religionsunterricht – Analyse eines unbeliebten Faches, München 1972, S. 26. – *F. W. Bargheer*, Das Interesse des Jugendlichen und der Religionsunterricht, Gütersloh 1972.

9 Vorentwurf des Rahmenlehrplans für den evangelischen Religionsunterricht in der Primarstufe, hg. vom Niedersächsischen Kultusministerium Hannover, Juli 1974, S. 7 (Umdruck).

Bestandsaufnahmen gelten der Bedarfsanalyse[10]; sie können sich
- *generell* mit der Themenfindung
- *speziell* mit der Strukturierung gefundener Themen

befassen. Spezielle Bestandsaufnahmen gehen von einem von den Schülern gewünschten oder auch von einem zunächst vom Lehrer hypothetisch gesetzten Thema aus.

Für beide Wege der Bestandsaufnahme ergeben sich *Einschränkungen*[11]:
Wieweit läßt sich überhaupt allgemein, mit möglichst geringen Vorgaben, fragen? Es ist in Schülersicht vorgegeben, welche Grundfächer es in der Schule geben muß und was in ihnen vermittelt werden sollte. Bezogen auf den Lehrer ist seine subjektive Wahrnehmung immer mit dabei: er setzt seine Probleme bei Schülern voraus oder möchte sie bei ihnen finden. Weiter: Handelt es sich nicht um eine Scheinmitbestimmung, da eine Beeinflussung durch die Person und Konzeption des Lehrers und eine Beeinflussung durch vorangegangenen Unterricht, auch RU, als Fehlerquelle nicht auszuschalten, sondern immer schon gegeben sind? Nicht alle Themen können vom Schüler im Rahmen einer Bestandsaufnahme gefunden und genannt werden, da Schüler von vielen Problemen, Konflikten und Themen noch nichts wissen oder noch kaum berührt wurden. Ihre Fragen müssen erst geweckt werden. Hinzu kommt häufig eine zu geringe Artikulationsfähigkeit.
Alle Ergebnisse sind methodengebunden, deshalb ist es notwendig, *komplementäre Methoden* anzuwenden. Aus diesen Einschränkungen
- fachspezifischer Art
- lehrerbezogener Art
- schülerbezogener Art

ergibt sich als eine mögliche *Folgerung,* daß das Schülerinteresse nicht nur von Beginn der gemeinsamen Arbeit, sondern mehr noch während und zum Abschluß gemeinsamer Unterrichtsarbeit zu erheben ist. Ferner ist es sinnvoll, einen Fragebogen vor und nach einem Projekt einzusehen, um Wandlung von Interessen, Einstellungen und Lernfortschritte mit den Schülern zu beobachten.

---

10 *P. Atteslander* S. 41 ff (s.o. Anm. 7).
11 *P. Atteslander* III Kap. im Buch.

2.1 Indirekte Methoden zur Themenfindung

(1) Dokumentenanalyse

Zumeist geht es um sekundäre Informationen, z.B. um Äußerungen in Massenmedien wie Presse, Rundfunk und Fernsehen, um Leserbriefe, literarische Selbstzeugnisse[12], persönliche Dokumente[13], Aufsätze[14] und anderes mehr. Probleme der Selektion, der Verzerrung und Verfälschung sind bei persönlichen Dokumenten und tendenzgebundener Berichterstattung genau zu überprüfen[15]. Positiv bleibt festzuhalten, daß sich durch Dokumentenanalyse symptomatische Fragestellungen für weitere Untersuchungen ermitteln lassen.

(2) Beobachtung[16]

Die Beobachtung ist ein Verfahren der Datengewinnung ohne direkte Befragung. Es ist zu unterscheiden zwischen naiver alltäglicher und wissenschaftlicher Beobachtung; letztere ist systematisch geplant und durchgeführt, wurde wegen ihrer Komplexität[17] jedoch selten als Forschungsmethode verwendet.

---

12 *H. Halbfas*, Jugend und Kirche, Düsseldorf 1965.

13 *H. Janssen*, Konfirmation und Konfirmandenunterricht aus der Sicht von Abiturienten, in: Die evangelische Elternschaft 4/1967, S. 2 - 5.

14 Beispiele:
- Ist es heute noch gerechtfertigt, an der öffentlichen Schule Religionsunterricht zu erteilen?
  11. Schülerwettbewerb zur Förderung der politischen Bildung 1968/69 im Auftrage des Landtages von Baden-Württemberg (Umdruck).
- Warum ich am Religionsunterricht (nicht) teilnehme :
  10. Klasse Realschule, In: Ostfriesisches Schulblatt 11/1969, S. 111 f.

H.K. Berg/H.B. Kaufmann (Hg.), Schule ohne Religionsunterricht. Sonderheft der Zeitschrift ZUM BEISPIEL, 1969, Dokument 19 - 31.

15 *P. Atteslander* a.a.O. S. 58 referiert fünf Gesichtspunkte, die einen relativ hohen Wahrheitsgehalt bei Dokumenten vermuten lassen. Z.B. Indifferenz des Informators gegenüber einem Sachverhalt, allgemeine Bekanntheit, Widerspruch zu persönlichen Erwartungen des Informators, die Interessen des Informators schädigend . . .

16 *F. W. Niehl* a.a.O. S. 26 f. – *P. Atteslander* a.a.O. 4. Kap. – *R. Mayntz* (u.a.), Einführung in die Methoden der empirischen Soziologie, 3. Aufl. Opladen 1972, 4. Kap. – *R. Ritter*, Grundfragen der Soziologie, Zürich/Einsiedeln/Köln 1973.

17 Schwierig ist das Unterscheiden von vorher bekannten Fakten und neuer Beobachtung. Was Menschen tun oder sprechen, läßt sich beobachten; kann man auch beobachten, was sie nicht tun oder verschweigen?

Die unterrichtsbegleitende Beobachtung ist eine Sonderform der wissenschaftlichen Beobachtung; es handelt sich um unstrukturierte, nichtstandardisierte Beobachtung natürlicher Situationen. Sie ist wegen des Spielraums zu freien Beobachtungen für unterrichtsbezogene Bestandsaufnahmen wichtig, ist jedoch nicht quantifizierbar, deshalb auch nicht repräsentativ, kann aber brauchbare Fallstudien und Hypothesen für weitere Unterrichtsplanungen vermitteln.
Bezogen auf unseren Zweck der Bestandsaufnahme von Schülerinteressen im RU des Primarbereichs handelt es sich um

- *teilnehmende Beobachtung,* d.h. Beobachtungen, die der Unterrichtende selbst macht: spontane Fragestellungen, auffallendes Schülerverhalten ... Voraussetzung ist ein wenig lenkender Unterrichtsstil sowie die Sensibilisierung des Lehrers.
- *nichtteilnehmende Beobachtung,* d.h. Beobachtungen durch Hospitationen durch Tonband, selten durch Videorecorder: auffallendes Verhalten des Unterrichtenden, Einzelbeobachtungen von Gruppenprozessen.
- *schriftliche Notizen,* z.B. Führen eines Frageheftes durch Schüler.

Diese wenig systematisierten Beobachtungsverfahren sollten dann angewandt werden, wenn über die zu untersuchenden Probleme noch wenig bekannt ist, wie es bei einem auf Probleme der Schüler bezogenen RU im Primarbereich der Fall ist.

2.2 Direkte Methoden zur Themenfindung und -strukturierung

Da es sich um Bedarfsanalysen handelt, die zum Zweck weiterer Unterrichtsplanung direkt im Unterricht erhoben werden sollen, wähle ich die im Primarbereich einsetzbaren Methoden aus, zähle sie zunächst ohne Anspruch auf Vollständigkeit auf und füge im zweiten Arbeitsgang einige Beispiele mit Ergebnissen und didaktischen Folgerungen hinzu:

Methoden mündlicher Art (sprechen)

- freie Assoziation zu verbalen oder visuellen Reizen
- Interview (nur bedingt im Primarbereich geeignet)[18]
- Statement (nur bedingt im Primarbereich geeignet)[19]

---

18 *M. Sperr,* Was wir von unseren Eltern halten. 6 - 16jährige sagen ihre Meinung. 2. Aufl. München 1971. – Es handelt sich um Tonband-Interviews mit 152 Kindern der BRD, nach einem bestimmten Fragenkatalog im Früh-

Methoden schriftlicher Art (schreiben)
- Aufsatz
- Wunschzettel schreiben („ich wünsche mir . . .“/ „ich wünsche mir auf keinen Fall . . .“)
- Fragebogen
- Satzergänzung
- Ergänzung von offenen, nur angerissenen Problemsituationen
- Statement (nur bedingt, s.o.)
- Polaritätsprofil (nur bedingt)[20]

Methoden visuell-gestalterischer Art (malen, zeichnen . . .)
- Schülerzeichnung[21]
- Bildergänzung
- Wunschzettel malen („ich wünsche mir . . .“/ „ich wünsche mir auf keinen Fall . . .“)

Methoden des Spielens
- freies Spiel
- Rollenspiel

Methoden des Hantierens
- herstellen von Rangfolgen[22].

---

jahr 1971 von einer Journalistin aufgenommen. Da es sich zum Teil auch um Gruppengespräche im größeren Kreis handelt, müßte die Übertragbarkeit auf den Unterricht erprobt werden.

19 Das Religionsbuch für die Berufsschule „Impulse zur Verantwortung“, Bd. 1, Düsseldorf 2. Aufl. 1972, beginnt jedes Kapitel unter dem Zeichen → ← mit gegensätzlichen Schülermeinungen (statements) zum Thema. Vgl. außerdem *Th. Bruinier* a.a.O. S. 21, *R. Mayntz* (u.a.) a.a.O. S. 54.

20 Vgl. *P. Atteslander* a.a.O. S. 234; *Th. Bruinier* a.a.O. S. 20; *Berg/Strube* a.a.O. S. 77 f; *P. R. Hofstätter*, Gruppendynamik, Hamburg 1964, S. 64. – Einem vom Thema her wichtigen Reizwort werden gegensätzliche Adjektive zugeordnet; die Versuchspersonen werden gebeten, das Attribut mit dem Reizwort zu verknüpfen und dies in einer Intensitätsskala anzukreuzen. Diese Methode setzt mehr an Lesefertigkeit, Abstraktions- und Kombinationsvermögen voraus, als im Primarbereich durchschnittlich geleistet werden kann.

21 *J. Lepman*, Kinder sehen unsere Welt. Frankfurt/Berlin 1971. – Malen ist primär im Rahmen flankierender Aufgabenstellungen anzuraten; Bilder sollten von dem jeweiligen Schüler auch beschriftet werden.

22 *S. Berg*, Weihnachten, Vorschläge zur Erhebung von Schülereinstellungen, in: S. Berg (Hg.), Weihnachten. Materialien und Entwürfe. München/Stuttgart 1973, S. 61 - 70.

Wegen der im Unterricht, vor allem in der Primarstufe, stets notwendigen Methodenvariation wurde die Verschiedenheit der Methoden vom Tun des Schülers her definiert; obwohl sich inhaltlich Überschneidungen ergeben können (z.B. beim Statement, bei gleichem Thema für Schülerzeichnung, Aufsatz oder Spiel), halte ich meinen Unterscheidungsgesichtspunkt deshalb für angemessen, da alle Ergebnisse methodengebunden sind. Wer als Kind noch Mühe hat zu schreiben, wird nur knappe Notizen machen; wer zum Thema „Angst" malt, kann in der Regel nur eine auf Gegenständliches bezogene Angst ausdrücken, wer frei spielen darf, kann seinen Aggressionen freien Lauf lassen, ganz anders als bei einem Aufsatz über das gleiche Thema. Deshalb sollte nicht nur eine Methode im Primarbereich eingesetzt werden, sondern möglichst *sich ergänzende Verfahren*[23].
Kriterien für ihre Eignung sind

- der Reizcharakter
- die Offenheit[24]
- die Artikulationsmöglichkeiten vielfältiger, nicht nur verbaler oder schriftlicher Art
- die Zielgerichtetheit.

2.3 *Einige für den RU wichtige Methoden*

Nach diesem Überblick sollen wenige, im Unterricht der Primarstufe wichtige Methoden kurz kommentiert werden:

---

23 Das Religionsbuch für das 5./6. Schj. „Orientierung Religion", Frankfurt 1973, bringt zur Gottesfrage vielfältige, sich ergänzende Methoden der Bestandsaufnahme, allerdings bei fragwürdiger Aufgabenformulierung, vgl. S. 2 - 6.

24 Z.B. ist fehlende Beschriftung bei visuellen Reizen wichtig, ebenso offene und doch präzise Aufgabenstellung u.ä. Dieser Forderung steht z.B. die doppelte Beschriftung auf der vorzüglich verfremdenden Einstiegsgrafik: vier „normale" Zebras und ein quergestreiftes – entgegen. Das Beispiel findet sich in „Religion: Bilder + Wörter", Düsseldorf 1974, S. 83. In vielen Religionsbüchern verstoßen die Bildbeschriftungen gegen meine Forderung der Offenheit, die produktives Denken anzuregen vermag.

Freie Assoziation[25] zu verbalen oder visuellen Reizen
„Das klassische Assoziationsexperiment besteht darin, daß der Versuchsperson der Auftrag erteilt wird, zu einem Reizwort das erstbeste ihr in den Sinn kommende Reaktionswort anzusprechen. Beim kontinuierlichen Assoziieren hat die Versuchsperson nach dem ersten auch alle weiteren Einfälle (‚Assoziationsketten') zu melden."

Im Unterricht der Primarstufe läßt sich dieses Verfahren sowohl individuell bei jedem einzelnen Schüler wie auch in der Gesamtklasse zur themenbezogenen Bestandsaufnahme anwenden.
Beim Einsatz in der Gesamtklasse empfehlen sich häufig auch visuelle Reize[26]. Ein *Beispiel* zum Thema: Gruppe – Außenseiter:

Ziel	*Medien*
Erhebung von Vorkenntnissen und Erfahrungen der Schüler: sie sollen Außenseitersituationen anhand eines Bildes nennen und konkret beschreiben.	Ein weißer Pinguin unter „normalen". – Siehe Anhang, Arbeitsblatt Nr. 1 Mit Kommentar oder: Ein quergestreiftes Zebra steht abseits von den „normalen". In: Religion. Bilder + Wörter, 1974, S. 83 oder: Einer spielt nicht mit. In: Klett-Lesebuch, 2. Schj., 1967, S. 34 oder: Von der Farbfamilie rot steht einer abseits. In: Ch. Reents, Erziehung . . ., Lehrerheft S. 9

Eine Variation ist der Auftrag, zu einem Reizwort oder einem visuellen Reiz eine Geschichte zu schreiben. Bei individualisiertem Einsatz empfiehlt es sich,
– daß die Schüler Reaktionswörter schriftlich notieren,
– daß z.B. durch vorgegebene Zeilen ein Limit gesetzt wird,
– daß die Anonymität der Schüler gewahrt bleibt.
Eine Variation ist die *Schülerzeichnung.* Wenn z.B. unter der Aufgabe zu malen, was verboten ist, viele Kinderbilder mit dem Thema

25 *P.R. Hofstätter*, (Das Fischer Lexikon) Psychologie, Frankfurt 1960, S. 24 ff. – *F. W. Niehl* a.a.O. S. 29.
26 Beispiele in: *Chr. Reents*, Erziehung zum kritischen Denken im Religionsunterricht. Frankfurt/Düsseldorf 1973. Schülerheft 1, Nr. 1 und 25; Schülerheft 3, Nr. 1. – Wichtig ist, daß Beschriftungen fehlen.

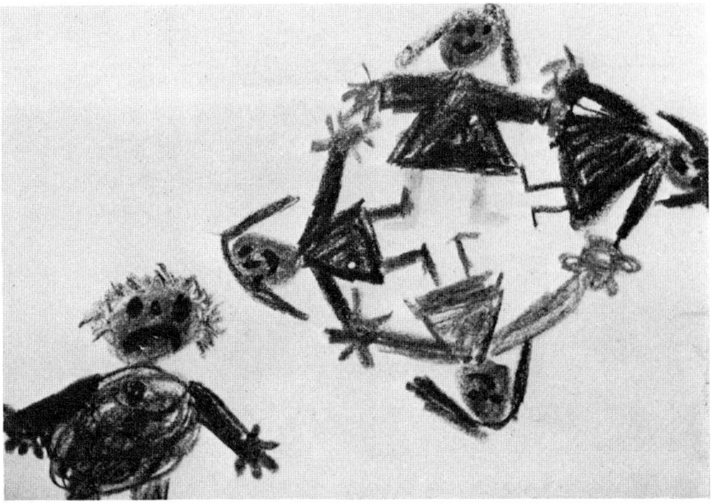

Abb. 1. 1. Schj. Obenstrohe „Einer darf nicht mitspielen“

„Betreten des Rasens verboten!“ entstehen, dann empfiehlt es sich vermutlich, dieses Teilthema aus dem Gesamtkomplex „Gehorsam – Ungehorsam“[27] unterrichtlich aufzuarbeiten. Oder wenn Achtjährige zum Thema „Frieden“ nur Kriegsbilder malen und auf die Lehrerfrage: „Gibt es denn in Obenstrohe keinen Frieden? “ mit dem Kopf schütteln, dann gilt es, von dem Defizit auszugehen[28].

Beispiel für eine Bestandsaufnahme durch Schülerzeichnungen im 2. Schuljahr

Klasse: 2. Schj., Obenstrohe (22.8.1974, 30 min.)
N = 32 Schüler (16 Jungen, 16 Mädchen)

Alter	7;0	7;6	8;0	8;6	8;0	9;6 Jahre
Schülerzahl	6	19	6	1	–	1

Berufe der Erziehungsberechtigten	Arbeiter	Angestellter	Handwerker	Beamter	Landwirt	ohne Vater
Schülerzahl	17	9	2	1	1	2

27 Material in: *Chr. Reents,* a.a.O. Schülerheft 3, Nr. 29 - 34, 37 - 39.
28 Siehe Seite 38, unten.

Abb. 2. Bild zum Thema Frieden. 4. Schj. 1972

28 Unterrichtsvorschlag: *Bestandsaufnahme* Schüler malen Bilder zum Thema „Frieden". Sie unterhalten sich: Gibt es Frieden auch in . . . ? (Ortsname)	Sich in eigene und fremde Erfahrungen zum Thema „Frieden" hineindenken und diese artikulieren.
Problemgewinnung Wir bauen eine Stadt/ein Dorf im Frieden (z.B. Hafttafel, Herstellen und Aufbauen aus Elementen in Gruppen). Was wird durch Krieg anders?	Sich am Miteinander einer Gemeinschaft in Frieden freuen. Schrittweise Veränderungen der selbstgebauten Stadt (Dorf) finden. Abneigung gegen Gewalt spüren.
Eine mögliche Lösung Jesus sagt: „Glückselig die Menschen, die für Frieden sorgen." (Mt 5, 9)	Möglichkeiten des Sorgens für Frieden aufspüren; nach Gründen für die Überzeugung Jesu fragen lernen.

Ein Neunjähriger malte ohne exakte Aufgabenstellung folgendes Bild; ihm ist als Thema wichtig: Abgeben ist schwer.

Abb. 3. Peters Beschriftung auf der Rückseite: „Karin hat Flips ausgeteilt und Karin hat mehr bekommen." – Peter 9; 6 Jahre rechts. Links seine jüngere und kleinere Schwester Karin 8 Jahre.

Thema: Das weiß ich schon von Jesus

Ziel: Die Schüler sollen malend und schreibend versuchen, Auskunft über ihr Vorwissen und seine Herkunft zu geben.

Erläuterung der Lehrerin: Ankündigung des neuen Themas: Geschichten von Jesus – mit dem Zusatz, es sollten nur solche Geschichten erzählt werden, die neu seien. Deshalb die Bitte an die Schüler, das ihnen schon Bekannte auf den Arbeitsbogen zu zeichnen.

Schülerarbeitsbogen (verkleinert, DIN A 4 quer)

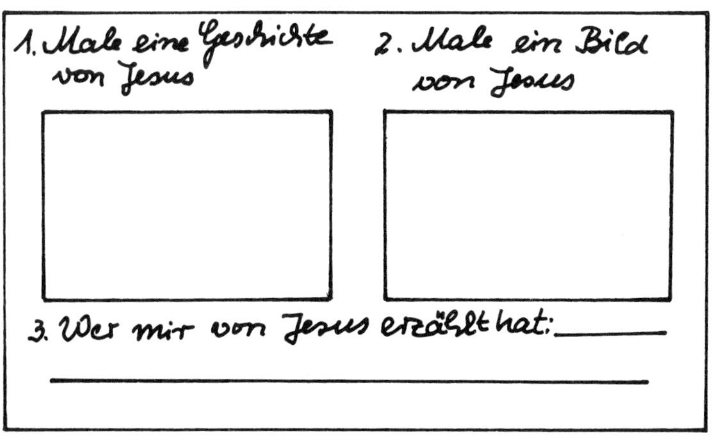

Auswertung

Zu *Aufgabe 1 und 2,* die von den Schülern nicht unterschieden werden:
28 Schüler haben insgesamt 42 Bilder gemalt.

10 Bilder:	Geburt Jesu in Anlehnung an Lk 2
1 Bild :	Anbetung von zwei Königen
11 Bilder:	Jesus am Kreuz oder Galgen
3 Bilder:	Jesus mit langem Gewand in einem Garten
1 Bild:	Jesus an einem Tisch
1 Bild:	Zachäus auf dem Baum (nach Kees de Koort)
15 Bilder:	nicht klar auf das Thema bezogene Motive, z.B. Haus, Blumen
42 Bilder	

Zu Aufgabe 3:

7 Schüler:	Mutter
5 Schüler:	Vater (und Mutter)
5 Schüler:	andere Kinder, z.B. Geschwister, Freundin
8 Schüler:	Kindergarten
3 Schüler:	Leerzeilen
28 Schüler	

Im RU des 1. Schj. hatte ich keine Jesusgeschichte erzählt. 5 Schüler haben vermutlich keine konkreten Vorstellungen, sie malen nicht klar auf das Thema bezogene Bilder. 4 Schüler fehlten. – Rückblickend erscheint mir die Aufgabenstellung für diese Klasse als (fast zu?) schwer.

Folgerung für die Ersteinführung des Themas im RU: Auswahlgesichtspunkte waren Texte, die dem historischen Jesus relativ nahe sind. Die Durchführung brauchte ca. 12 Unterrichtsstunden.

Zeit und Umwelt Jesu
U. Wölfel: Isaak und Claudius [28a]
Jesus predigt in Nazaret
(in Anlehnung an das Thema: Wer ist der Retter?)
Jesus ruft Levi (Mk 2,13 - 17)
Jesus als Gast des Zachäus (Lk 19,1 - 10)

Zur *Auswertung*[29] : Anders als im Sekundarbereich ist eine kooperative Auswertung im Primarbereich wohl nur ansatzweise möglich; sie muß in der Regel vom Lehrer geleistet werden:

– Ermitteln häufig genannter Reaktionswörter, häufiger Bildthemen

[28a] Abgedruckt in: Sei uns willkommen, schöner Stern. Hg. G. Mielitz, Lahr 1969.
[29] *Bruinier* a.a.O. Teil II S. 19.

– Ermitteln von Defiziten[30]
– Ermitteln verschiedenartiger, auch gegensätzlicher Erfahrungen
– Ordnen und diskutieren mit Schülern[31].

> *Schriftliche Befragung*[32]
> Wegen mangelnder Abstraktionsfähigkeit und Lesefertigkeit ist es erst gegen Ende der Grundschulzeit[33] möglich, *Fragebögen* zur Themenfindung und Themenstrukturierung einzusetzen.

Dabei sind folgende Anforderungen zu berücksichtigen:
– kurze Fragen ohne unbekannte Begriffe
– Aufgliederung in verständliche, eingegrenzte Teilfragen
– Teilfragen nicht systematisch ordnen
– Teilfragen in Anlehnung an Schülermeinungen formulieren
– Fang- und Kontrollfragen einbauen
– einigermaßen gleichartiger Reizcharakter der Fragen, d.h. Einfluß der Frage auf die Antwort berücksichtigen
– stilistisch möglichst neutral formulieren
– verdeckte Wertungen vermeiden
– Wertigkeiten bei Zustimmung und Ablehnung ermöglichen.

Im Unterricht ist es bisher nicht möglich, repräsentative Erhebungen durchzuführen, d.h. quantifizierbare, wissenschaftlich gültige Ergebnisse durch schriftliche Befragungen zu erzielen; jedoch müssen für die jeweilige Lerngruppe relevante Aussagen ermittelt werden. Dar-

30 Z.B. schrieben zwei Drittel einer 7. Klasse zu der Frage „Was weißt du von Jesus von Nazaret?" der Tendenz nach: Weihnachten geboren und Ostern gestorben (Cäciliengroden 1968). Hier war eine Unterrichtseinheit über den historischen Jesus notwendig.

31 Wichtig ist, Ergebnisse mit Schülern zu diskutieren. Beispiel: Bilder zum Thema „was verboten ist" werden von den Schülern geordnet, indem sie sie in ein Schema einhängen (Tafel):

+	?	–
(Verbote, die ich richtig finde)	(Verbote, die ich fraglich finde)	(Verbote, die ich falsch finde)

32 *P. Atteslander* a.a.O. bes. S. 88 ff „Lehre von der Frage"; – *R. Mayntz* a.a.O. S. 103 ff.

33 Keine der empirischen Untersuchungen zum RU bezieht sich auf Grundschüler.

über hinaus empfiehlt es sich, bei geeigneter Thematik auf wissenschaftliche Forschungsergebnisse zurückzugreifen und diese mit unterrichtlichen Bestandsaufnahmen bei derselben Fragestellung zu vergleichen[34].

Eine didaktisch aufschlußreiche Variante ist der *Fragebogen mit Leerzeilen,* der von Schülern etwa vom 3. Schuljahr an ausgefüllt werden kann. Ein Beispiel:

4. Schj. Obenstrohe
33 Schüler 1974

1. Was weißt Du von Gott?

   Gott kann man nicht sehen (11 Schüler) – Gott hat Menschen sehr lieb (1) – Gott ist mächtig, stark, groß und kann alles (6) – Gott ist im Himmel (4) – Gott macht kranke Menschen gesund (4) – Vielleicht gibt es Gott nicht (3)

2. Was möchtest Du von Gott wissen?

   Wie sieht Gott aus? (15) – Ist Gott ein Mensch? (1) – Gibt es Gott wirklich? (7) – Wo lebt Gott (5) – Wo kommt Gott her? (5)

3. Wer hat Dir von Gott erzählt?

   Eltern (21) – Lehrer (53, vier verschiedene Namen) – Großeltern (13) – Pastor (11) – Onkel und Tante (6) – andere Kinder (2) – Geschwister (3) – Bibel (1)

4. Was denkst Du bei dem Wort „Himmel"?

   Daß Gott im Himmel wohnen soll (16) – Daß Gott von dort aus sieht (2) – An Mond, Sterne, Nacht, Wolken, Wasserdunst, Flugzeuge (6) – An nichts (2) – Vielleicht existiert er gar nicht (1) – Daß er unendlich ist, man kann ihn nicht fassen (3)

5. Überlege, ob Du ein Bild malen kannst, wie Du Dir Gott vorstellst. Wenn ja, male Dein Bild auf der Rückseite. Wenn nein, schreibe auf, warum Du das Bild nicht malst.

   15 Schüler haben ein Bild gemalt. Gott als ein Lebewesen mit langem Gewand, manchmal mit Heiligenschein. – 1 Schüler malt das Schloß von „Gott", ohne Verbindung zur Erde – 1 Schüler malt Gott wie Luft – 1 Schüler malt einen Autounfall und schreibt darunter: „Gott hilft in jeder Situation". 15 Schüler haben *kein* Bild gemalt; sie schreiben: Ich weiß nicht, wie er aussieht (11) – Er ist unsichtbar (2) – Vielleicht ist er nur eine Sage (1) – Ich kann mir unter dem Namen „Gott" keinen Menschen vorstellen (1).

---

[34] Zur Gottesfrage: *W. Harenberg,* Was glauben die Deutschen?, 1969. – *U. Boos-Nünning*, Dimensionen der Religiosität, 1972. – *V. Schmidt*, Biblisch-theologische Tradition im Bewußtsein von Schülern einer 4. Klasse aus Hamburg-Wilhelmsburg. Eine Fallstudie. In: ru 4. Jg./1974, S. 165 - 173.

Als Ergebnis der Fragebogenanalyse[35] ist die in diesem Band dargestellte Unterrichtsplanung zur Gottesfrage anzusehen:
Über die Hälfte der Schüler fragt: Wie sieht Gott aus?
Sie geben zu Punkt 5 vier verschiedene bildhafte Vorstellungen wieder:
– Gott als himmlische Person mit einem Wolkenschloß.

Abb. 4. Dazu vgl. auch Arbeitsblatt Nr. 14 (Anhang) 4. Schj. Lohne 1974

– Gott ist unsichtbar, vielleicht wie Luft.
– Gott gibt es nicht.
– Gott hilft in jeder Situation (nur ein Schüler), siehe Abb. 5.

[35] Erprobungen: 2. Schj. Tossens 1973, 20 Schüler. – 3. Schj. Jaderberg 1973, 31 Schüler. – 4. Schj. Lohne 1974, 29 Schüler. – 4. Schj. Obenstrohe 1974, 33 Schüler. – 6. Schj. Sonderschule Nordenham 1973, 12 Schüler. – Zusammen 125 Schüler aus dem VB Oldenburg.

Abb. 5. 4. Schj. Lohne 1974

Folgerungen für den Unterricht vgl. Kap. 6, III[36] Modell

> *Satzergänzung – Bildergänzung*[37] *– Lückentext*[38]
> Beispiel für die Ergänzung eines offenen Satzes: Es ist ein Wunder, . . . (Zuendeführen eines Satzes)

Ergebnisse 4. Schj. Abbehausen (1972); jeder Schüler notierte etwa zwei Satzergänzungen:

Wunder und natürliche Geschehen
- daß die Erde eine Kugel ist. (3x)
- daß die Erde Anziehungskraft hat. (2x)
- daß es die Sonne gibt. (2x)
- daß es Saurier gab. (2x)
- daß manche so stark sind. (1x)

---

[36] Vgl. auch Arbeitsblatt Nr. 14 im Anhang.
[37] *Th. Bruinier* Teil II S. 21.
[38] *F. W. Niehl* a.a.O. S. 30.

Wunder und Zusammentreffen verschiedener Umstände
- daß es bei einem schweren Verkehrsunfall keine Verletzten oder Tote gegeben hat. (ähnlich 5x)
- daß wir freitags kein Rechnen aufbekommen. (4x)
- daß ich neulich nicht unter das Auto gekommen bin. (1x)
- daß ich nur ein Loch im Kopf hatte, und es nicht schlimmer geworden ist, als ich vor dem Pfahl gerannt bin. (1x)
- daß ich mir nicht den Arm gebrochen habe, als ich neulich hingefallen bin. (1x)
- daß ich kein Loch im Kopf habe, als ich mir die Tür vor den Kopf geschlagen habe. (1x)
- daß das Kalb nicht gestorben ist. (1x)
- daß unser Hund noch mit 16 Jahren lebt. (1x)
- daß Willy Brand noch nicht totgeschossen ist. (1x)
- daß es im November schon geschneit hat. (1x)
- daß meine Mutter mir die Haare noch nicht abgeschnitten hat. (1x)
- daß ich evangelisch bin. (1x)

Wunder und menschliche Tat
- daß man zum Mond fliegen kann. (4x)
- daß ein Flugzeug fliegt. (2x)
- daß es einen Trecker mit acht Rädern gibt. (2x)
- daß man an Menschen Verpflanzungen machen kann. (2x)
- daß Fritz bei einer Lungenentzündung am Leben geblieben ist. (1x)
- daß das Kalb nicht gestorben ist. (1x)
- daß Egon Schnittker keine Brille mehr trägt. (1x)

Wunder und Religion
- daß es Jesus gab. (1x)
- daß Gott die Welt gemacht hat. (1x)
- daß es Menschen gibt. (1x)
- daß mein Bruder noch lebt. (1x)

Analyse und didaktische Folgerungen

Etwa zwei Drittel der Satzergänzungen haben Fakten erstaunlicher Art zum Inhalt; rund ein Drittel weiß von Betroffensein. Der Tendenz nach läßt sich dieses (sicher nicht repräsentative) Ergebnis mit dem der Emnid-Umfrage[39] vergleichen.

Wenn „Der Spiegel“ 1968 fragen ließ: „Hat Jesus Tote auferweckt? Ging Jesus auf dem See? Machte Jesus Blinde sehend? Ist Jesus wirklich auferstanden? “ und wenn ein hoher Prozentsatz das „wirklich ereignet“ ankreuzte, so zeigt das, daß diese Fragen vielfach im Problemhorizont des historischen Fürwahrhaltens durchdacht werden. Demgegenüber versteht die neutestamentliche Exegese Wundergeschichten als Versuche, das in der Begegnung mit Jesus von

---

39 *W. Harenberg,* Was glauben die Deutschen? 1969, S. 89 ff und 224.

Nazaret Erfahrene zur Sprache zu bringen: Freiheit von der Angst, Nähe Gottes, das Sich-Ganz-durchschaut-Wissen. Wundergeschichten spiegeln die Überzeugung Betroffener. In diesem Sinne werden sie als kerygmatische Texte bezeichnet.

Aus dieser Differenz zwischen Popularmeinung und neutestamentlicher Forschung lassen sich folgende *Lernziele* ableiten:

- Die Schüler sollen herausfinden: wenn ein biblischer Wundertext unter faktenbezogener Fragestellung gelesen wird, erschließt er sich in seiner Aussage nicht.
- Sie sollen die symbolische Bedeutung tragender Grundbegriffe herausfinden (z.B. Blindsein, Wasser).
- Sie sollen den Aussagegehalt des Textes vom Symbol her erarbeiten.
- Sie sollen ihr erstes Vorverständnis mit dem neugewonnenen Verständnis vergleichen.

Spiel[40]

Situationserhellendes Rollenspiel als Methode der Bestandsaufnahme bietet sich da an, wo alltägliche Praxis abgebildet werden soll; es ist als Methode da auszuschließen, wo neue Lösungen nur durch Reflexion und Distanz entdeckt werden können.

Ich unterscheide deshalb:

- freies Spiel von Situationen
  Beispiel aus der Unterrichtseinheit „Gehorsam – Ungehorsam"
  Harald (9;10): Könnten wir nicht mal spielen, daß nichts verboten ist? Die Lehrperson geht auf Haralds Vorschlag ein; sofort stehen fast alle Kinder von ihren Plätzen auf. Einige Mädchen rennen zur Tafel und beschmieren sie ziemlich wild, Peter dreht den Wasserhahn auf und wirft ein Heft ins Wasser. Elfi packt ihr Butterbrot aus, zieht ihre Schuhe aus, spaziert über die Schultische und zieht der Lehrperson an den Haaren, fünf Jungen bauen einen Turm aus Stühlen und werfen ihn mit Gepolter um, man schreit, quietscht. Nur Ingo sitzt auf dem Stuhl und hält sich die Ohren zu. Er ist der einzige, der noch sitzt. Er behauptet, das könne er nicht

[40] *H. Frör*, Spielend bei der Sache, München 1972. – *U. Wölfel*, Du wärest der Pienek, Anrich 1973. – *B. Daublebsky*, Spielen in der Schule, Stuttgart 1973. – *W. Longardt*, Spielbuch Religion, Köln/Lahr 1974.

aushalten, man könne ja gar nichts lernen, und die Schule sei doch zum Lernen da. Mit dem Klingelzeichen ist das Spiel nach ca. 10 Minuten beendet.

Kommentar: In diesen Beobachtungen findet sich eine Mischung von Spaß, phantasievollem Schabernack und Aggression. Ansatzweise spielen die Kinder ihre Realität des aggressiven Ungehorsams. Weitere Aufgaben – z.B. malen, angefangene Sätze weiterschreiben – zeigen, daß sie nur die Alternative zwischen blindem Gehorchen und aggressivem Ungehorsam kennen. Reflektiert begründeter Ungehorsam, der einem reflektiert begründeten Gehorsam entspricht, ist ihnen neu. Dieses Defizit ist bei der Lernzieldefinition ausschlaggebend.

- Entscheidungsspiel
  Beispiel in der Unterrichtseinheit: Streit und seine Lösungen (Kap. 6)
- weiterspielen von Geschichten[41]
  Der Lehrer gibt den Anfang einer offenen Problemgeschichte, die Schüler spielen Lösungsmöglichkeiten. Diese werden festgehalten und anschließend vergleichend diskutiert. – Ein Beispiel: Zu dem Kurzfilm „Der Neid" spielten Kinder selbst erlebte Szenen.

3. Folgerungen zur Planung von Lernprozessen

Da bisher kaum ausgewertete Bestandsaufnahmen zur Themenfindung und Themenstrukturierung[42] aus dem RU der Primarstufe vorliegen, kann hier nur eine erste grobe Skizze möglicher didaktischer Folgerungen versucht werden.

Es kann nicht erwartet werden, daß als Ergebnis von Bestandsaufnahmen eine umfassende, allgemeingültige Kenntnis der Schülersituation überhaupt möglich ist. In jeder Klasse sind unterschiedliche Lernvoraussetzungen feststellbar; zudem kommen die Schüler aus religiös verschieden geprägten Elternhäusern. Deshalb muß unsere Kenntnis der Ausgangslage situationsspezifisch, begrenzt und ständig unabgeschlossen bleiben. Dieser Klärungsprozeß verfolgt zwei Zielrichtungen, eine zur Themenfindung und eine zur Themenstrukturierung.

---

41 Beispiel zum Thema: Wer hat schuld?, in: *Chr. Reents*, Kritisch-produktives Denken im Religionsunterricht. Modelle für die Klassen 3 bis 6, Gütersloh 1974, S. 70 - 72.

42 Eine ausgewertete Bestandsaufnahme zum Thema „Gehorsam – Ungehorsam" mit Folgerungen für die Themenstrukturierung findet sich in: *Chr. Reents*, Kritisch-produktives Denken im Religionsunterricht, a.a.O.

Zur Themenfindung

Nicht-repräsentative, methodisch kritisierbare jedoch aus dem Unterricht der Grund- und Orientierungsstufe (3. - 6. Schj.) erwachsene Befragungen[43] lassen vermuten, daß

- das Fremde, Ferne vorrangig Interesse findet[44], da es die Wißbegier anspricht;
- Themen der eigenen Erfahrung weniger dem spontanen Interesse entgegenzukommen scheinen;
- methodische Vielfalt gewünscht wird;
- erste Kritikfähigkeit und -bereitschaft nicht übersehen werden darf;
- vereinfachende Alternativen oft das Urteil des Schülers bestimmen.

Ich halte es für wichtig, meine ersten Vermutungen auf der Basis einer verbesserten Unterrichtsforschung zu überprüfen, um von hier aus Ziele, Themen und Methoden von Unterrichtsmodellen und Lehrplänen begründeter Kritik unterziehen zu können. Bisher wurden ja die Themen mancher Modelle auf der Basis einer relativ gut informierten Willkür gesetzt ohne sinnvolle Möglichkeiten der Selbst- und Mitbestimmung des Primarschülers bei der Themenfindung.

Zur Themenstrukturierung

Die Frage der Strukturierung gefundener Themen erscheint mir zur Zeit für die Praxis wichtiger und auch lösbarer als die Grundfrage der Themenfindung; zu Themen wie „Angst", „Gehorsam", „Glück", „Gott", „Tod", „Versöhnung", „Wunder", „Weihnachten" u.a. liegen einige Beispiele vor[45]. Aufgrund solcher Situationsanalysen erarbeitet der Lehrer Lernziele und vergleicht seine Ergebnisse mit Lehrplänen, Lehrbüchern, Modellen[46]. Abschließend kann er die Lernergebnisse im Vergleich zur Bestandsaufnahme genauer ermitteln.

---

43 *Chr. Reents*, Erziehung zum kritisch-produktiven Denken im Religionsunterricht der Grund- und Orientierungsstufe. Theoretische Grundlegung. Gütersloh 1974, S. 35 ff und 90 ff.

44 Vgl. auch die Kritik am heimatkundlichen Prinzip im Primarbereich; schon *Dewey* betonte: „Das Vertraute erzeugt Verachtung, da nur das Neue Aufmerksamkeit fordert" (in: Wie wir denken, 1951, S. 237 f).

45 Vgl. die Literaturliste am Schluß des Kapitels sowie *Chr. Reents* in: HBR 18, S. 120 - 123.

46 Vgl. die Skizze bei *F. W. Niehl*, S. 35.

Wichtig ist, daß die Schüler in den Gesamtprozeß der Klärung einbezogen werden, daß sie Ausgangslage und Ergebnis vergleichen. Für den Lehrer bleibt hervorzuheben, daß er bereit sein muß, seine Erfahrung, seine Ziele und seine theologische Überzeugung durch Schüler verändern zu lassen.

Ein Fragebogen zum Thema „Jesus von Nazaret" (mit Ergebnissen)

Abschließend möchte ich einen von drei fünften Klassen (N = 91) ausgefüllten Fragebogen zur Klärung der Lernausgangslage bei dem Thema: *Jesus von Nazaret* wiedergeben und kurz kommentieren. Ich habe ein zu Beginn der Orientierungsstufe ausgefülltes Beispiel gewählt, weil es dazu beiträgt, RU in der Grundschule in der Rückschau des Schülers einzuschätzen. Zudem können Defizite zur Ermittlung unterrichtlicher Ansätze führen.

Zur Situation

Die Schüler besuchen seit fünf Wochen die neueingerichte Orientierungsstufe in einem gerade fertiggestellten Schulzentrum einer Oldenburger Vorstadt. Diese erweckt heute einen „gemischten" Eindruck: Wohnblocks neben Einfamilienhäusern, ältere Bauernhäuser neben modernen Bungalows, Asoziale und neues Universitätsviertel. Diese „Mischung" spiegelt sich in den Berufen der Erziehungsberechtigten: 19,8% Arbeiter, 33% Handwerker, 23% Angestellte und Beamte, fast 10% ohne Vater aufwachsend.
Zur unterrichtlichen Situation einer der Klassen schreibt der Fachlehrer K.H. Löbner: „Die Fragebogen wurden am 29.10.1974 in der 2. Stunde (8.50 Uhr - 9.25 Uhr) – ohne Vorankündigung – ausgefüllt. Die Ankündigung zu Beginn der Stunde, daß ein Fragebogen ausgefüllt werden solle, löste bei vielen spontan Zustimmung und Freude aus. Ob man Testpunkte sammeln könne, wurde gefragt. Als diese Frage verneint wurde, zeigten einige Bedauern, andere Erleichterung, wobei einige Äußerungen so wirkten, als wolle man ausdrücken: nun braucht die ganze Sache eigentlich nicht mehr so richtig ernst genommen zu werden. Es war den Schülern freigestellt, ob sie ihren Bogen mit ihrem Namen oder einem Kennzeichen versehen wollten – es gehe allein um ihre möglichst genaue persönliche Einstellung zu den Fragen. Außerdem war ihnen freigestellt, ob sie die Fragen in Sätzen oder Stichworten beantworten wollten: auf Rechtschreibfehler würde selbstverständlich nicht geachtet. Manche Schüler waren recht früh fertig (etwa nach 15 Minunten), andere zeichneten lange an den Figuren, wobei natürlich viele ihrer Umgebung ihr ‚Kunstwerk' (Bart etc.) zeigen wollten – besonders unter den Jungen, wodurch Unruhe (Gelächter, Renommieren, Flachsen) entstand. Wer fertig war, erhielt eine Sonderaufgabe. Zwei oder drei Schüler gaben erst mit dem Gongzeichen ihren Fragebogen ab."

Ich habe mich um vollständige, möglichst wörtliche Wiedergabe bemüht, aus Raumgründen jedoch nicht um Wiedergabe jedes einzelnen Fragebogens.

Drei Klassen, 5. Schj. Orientierungsstufe Oldenburg-Eversten
42 Mädchen, 49 Jungen = 91 Schüler (4 kath.)

Alter in Jahren	10;0	10;6	11;0	11;6	12;0	12;6
Schülerzahl	8	15	42	17	6	3

Berufe der Erziehungsberechtigten	Arbeiter	Handwerker	Landwirte	Angestellte	Beamte	Selbständige	Rentner	ohne Vater
Schülerzahl	18	23	2	17	11	10	1	9

Die beiden anderen Klassen: 14. 10. 1974, 9.50 Uhr – 10.20 Uhr
25. 10. 1974, 8.50 Uhr – 9.10 Uhr

Entwurf und Unterricht: B. und K.H. Löbner

AUSGEWERTETER FRAGEBOGEN (Formular vgl. Nr. 2 im Anhang)

1) *Hast Du schon häufiger etwas von Jesus gehört?*

Nein	*Ja*
6	85

2) *Hat Jesus überhaupt gelebt?*

Nein	*Ja*	*ohne Antwort*
8	80	3

3 a) *Wenn nicht, was würdest Du über ihn wissen wollen?*

- Wie alt er wurde. (2x)
- Wie seine Jünger hießen, wie alt er wurde.
- Ob Jesus gelebt hat oder nicht.

3 b) *Wie stellst Du Dir Jesus vor?*
(Stichworte oder Skizze auf Rückseite)

- Zerrissenen Kittel, schön lockige Haare, Latschen, groß. (5x)
- Etwas lange Haare, Leinenhemd, Strahlen über dem Kopf.
- Mit Umhang und einem Kreis auf dem Kopf.

- Nett, hilfreich, höflich, immer freundlich, nicht sehr arm.
- Bart, langes Gewand, weise, wunderlich.
- Ein normaler Mensch, der gut zu den Leuten gewesen ist. Der sich nicht einschüchtern läßt. Er ist heilig und starb für die Menschen.
- Arm, ein gutes Herz.
- Nett, gläubig, nicht reich, ehrlich, hilfsbereit, großzügig, weise, fromm. (6x)
- Mächtig, groß, fromm, dünn, schön, gut, barmherzig. (2x)
- Wie ein Mensch, dem Gott hilft. Er glaubte und erzählte von Gott.
- Daß er von Gott kommt. Daß er mächtig ist, daß er sich am Kreuz für die Menschen opferte. Daß er alle Menschen, die krank waren, wieder gesund gemacht hat.
- Ein Mann ohne Tadel. Er tut nichts Schlechtes, er ist vollkommen. Er ist der Sohn Gottes. Er ging nicht mit der Mode und sowas.
- Normaler Mensch, aber die Leute glaubten, daß er heilig war.
- Ein Bote Gottes, der den Menschen wie ein mächtiger König erscheint.
- Er soll ein Wanderer sein, der Kranke heilt und die bösen Sachen auf sich nimmt.
- Ein guter, gerechter Mann. Er war hart (= konnte viel aushalten), sonst hätte er nicht auferstehn können. Er war von Gott gesandt.
- Ich finde, Jesus ist unsichtbar.
- Fast so wie ein Gott, der uns hilft, nur nicht so mächtig. (2x)

Ohne Antwort: 3 Schüler, Skizzen: 44 Schüler

Drei der Schülerskizzen (Abb.6) auf der nächsten Seite wurden auf einem Arbeitsbogen so geordnet, daß die Schüler ihre Äußerungen und ihre Skizzen selbst ordnend durchdenken können. Die freie Spalte 2 kann im Laufe der Unterrichtseinheit genauer bearbeitet werden mit Hilfe von Material aus Anm. 49 und 50.

4 a) *Kennst Du die Namen wichtiger heute lebender Personen, für die Du Dich interessieren würdest?*

- Eine Schülerin: Bundeskanzler Scheel, Schmidt, Suzi Quatro

Warum interessierst Du Dich für sie?
- Weil sie manchmal interessant sind, und weil ich mich für Politik und Musik interessiere.

4 b) *Könntest Du Jesus mit irgendeiner Person aus Deinem Verwandten- oder Bekanntenkreis, unter Politikern oder Stars vergleichen?*

Nein	*Ja*	*ohne Antwort*
76	10	5

Zu Nein

- Weil Jesus vor vielen Jahren lebte. (2x)
- Weil Jesus bestimmt nicht so aussieht wie meine Bekannten oder Stars. (4x)
- Weil man nicht weiß, wie Jesus aussieht. (2x)
- Weil ich niemand kenne, der so aussieht. (11x)
- Weil keiner innerlich oder äußerlich so aussieht wie er.

Abb. 6. Jesusbilder einer 5. Klasse

Schneide die einzelnen Äußerungen über Jesus aus. Welche passen zusammen? Ordne sie in Spalten unter den Bildern.

Es gibt keine Fotos von Jesus.	Du bist mein Herr und mein Gott!	Er wußte alles, was geschieht.	Ein normaler Mensch, der gut zu den Leuten war.
Schaut ihn euch an, diesen Fresser und Säufer.	Er hatte viel Verständnis für die Menschen.	Er tat nichts Schlechtes. Er ist vollkommen.	Er hat immer geholfen.
Er konnte zaubern.	Er ging Schwierigkeiten nicht aus dem Weg.	Er ißt mit Verachteten.	Gottes Sohn.
Er sagt: Kommt alle zu mir!	Du bist der versprochene Messiaskönig!	Ein Wanderer, der Kranke heilt.	Er hat für Gerechtigkeit gekämpft.

- So gut kann ich mir Jesus nun doch nicht vorstellen.
- Es gibt keine Fotos von Jesus.
- Weil sie nicht so fromm oder so alt sind wie Jesus. (2x)
- Weil er nicht so wie die Menschen lebt.
- Jesus gibt es nicht noch einmal.
- Keiner aus meinem Bekanntenkreis ist gläubig und niemand hat einen langen Bart.
- Die meisten Leute glauben nicht an Gott.
- Weil alle Menschen unvollkommen sind.
- Weil sie nicht Jünger besitzen.
- Ich kann mir Jesus nicht als Mensch vorstellen.
- Weil ich ihn mir nicht wie irgendein Star oder Politiker vorstellen könnte.
- Weil Jesus verlumpt aussieht, wenn es ihn gäbe.
- Weil er sich nicht so groß fühlte, was manche Leute tun.
- Weil jeder Mensch etwas Schlechtes mal getan hat. Das hat Jesus nicht so, sagt man.
- Jesus kann über alle herrschen und in uns hineingucken. Andere Leute können das nicht.
- Jesus war ein normaler Mensch. (3x)
- Weil Jesus Wundertaten vollbrachte, und wir können das nicht. (3x)
- Weil die Verwandten oder Politiker nicht helfen. Jesus hilft anderen Leuten und stirbt dafür.
- Weil die Verwandten nicht so heilig sind.
- Weil nur wenige so aussehen und so an Gott glauben wie er.
- Er ist heilig und manche wie wir glauben an ihn und andere nicht.
- Jesus kämpft gegen die Freiheit.
- Weil Jesus zu bescheiden war.
- Weil Stars oder Politiker schlechte und gute Seiten haben und Jesus gute.
- Weil er zweimal gelebt hat. Und sowas kann keiner, den ich kenne.

zu Ja

- Daniel Gérard, weil er auch im Gesicht so borstig ist. (2x)
- Jesus Superstar, weil er auch Jesus heißt.
- Bundeskanzler Brandt, weil sie das gleiche Gesicht haben.
- Otto, der hat auch etwas lange Haare.
- Mouse, weil er im Gesicht so aussieht, wie ich ihn mir vorstelle.

5 a) *Kennst Du Namen von Personen, die bereits gestorben sind, für die Du Dich aber doch noch interessieren würdest?*

- J.F. Kennedy
- Prof. Bernhard Grzimek
- Jacky Steward
- Großeltern (2x)
- Großoma

5 b) *Was hat Dir von oder an Jesus Eindruck gemacht?*

- Er war ein guter Mensch und hat viel geholfen. (12x)
- Weil Jesus so ein anderer Mensch war.
- Sein Schicksal.
- Daß er alles wußte, was geschieht.

- Weil er immer alles richtig macht.
- Daß er an ein Kreuz genagelt worden ist.
- Nichts, ich stelle ihn mir einfach vor.
- Er ist alt, er ist Gottes Sohn. Er tut nur Gutes. (2x)
- Daß er kräftig, ehrlich, fromm, schlau und klug war. (6x)
- Er hat mir einen guten Eindruck gemacht.
- Jesus kann alles.
- Er ist heilig, und den Namen Jesus habe ich nur einmal gehört.
- Er hat allen Menschen geholfen, egal, ob sie reich oder arm waren.
- Er half den Armen und nicht den Reichen.
- Daß er zaubern konnte.
- Daß er der Sohn Gottes sein soll.
- Daß er alles bezwingen konnte.
- Daß er so fromm ist und keine großen Ansprüche stellt.
- Daß er so treu war und nichts Schlechtes getan hat.
- Jesus hat sich nicht so groß gefühlt wie die Könige.
- Daß er sich nicht gewehrt hat, als die Soldaten kamen, um ihn zu kreuzigen.
- Weil er sich durchsetzte und auch viel erreicht hatte und weil er sich dafür geopfert hatte.
- Sein Mut gegenüber den Schriftstellern (= Schriftgelehrten).
- Daß er gut Wunden heilt und die bösen Sachen . . . an sich nimmt.
- Daß er Menschen heilen konnte (mit Gottes Kraft). (2x)
- Der Bart.
- Daß er sein Leben geopfert hat.
- Er hat für die Gerechtigkeit gekämpft und Kranke geheilt.
- Die heilende Kraft, redegewandt, intelligent. (2x)
- Daß er sich für alles eingesetzt hat.
- Weil er ein Wunderkind ist.
- Er vergaß die Schuld der Bösen.
- Weil Jesus viel Geduld mit Menschen hat.
- Daß Jesus viel Verständnis für Menschen hat.

Was hat Dir an ihm nicht gefallen?

- Garnichts. (47x)
- Er war so oft von Zuhause weggelaufen.
- Er hat auch die Zöllner und andere reiche Leute geholfen.
- Daß er nicht unsterblich war.
- Weil er getötet wurde.
- Daß er nur in Asien und Afrika lebte.
- Ich hab' nichts gegen ihn.
- Die Kleider.
- Daß er sich nicht gewehrt hat, als die Soldaten kamen, um ihn zu kreuzigen.
- Daß er nichts von Elektrizität verstand.
- Daß er nicht technisch begabt war.

6) *Worüber möchtest Du einmal ausführlicher sprechen?*
(Dabei braucht es sich nicht um ein religiöses Thema zu handeln, das es ausdrücklich mit Jesus, Gott oder der Kirche zu tun hat.)

- Ich möchte ausführlicher über Tiere reden. (2x)
- Über schon ausgestorbene Tiere.

- Über Tiere als Jesus lebte.
- Über echte Freundschaft und nicht echte Freundschaft.
- Ich möchte gerne einmal im Fernsehen über die Familien in Israel (zur Zeit) wissen. Oder von anderen Familien die in Hungersnot sind, z.B. wie es dort aussieht.
- Über die Spielmöglichkeiten der Kinder, die in einem Hochhaus wohnen.
- Daß wir Kinder unser Recht bekommen.
- Von anderen Kindern, denen es nicht so gut geht.
- Über Frieden und Hungersnot.
- Warum müssen Ausländer schlecht behandelt werden.
- Gibt es Gott? (2x)
- Was Gott für eine Gestalt war.
- Über Gott, wie er die Welt geschaffen hat. (2x)
- Warum baut man einen Tempel?
- Warum braucht man eine Kirche? (2x)
- Wofür ist Religion?
- Ausführlich über Jesus. (16x)
- Über Freundschaften, ob Jesus gute oder schlechte Freundschaften hatte.
- Wie Jesus gelebt hat, wie er richtig ausgesehen hat und was er für Wunden geheilt hat.
- Wie das kommt, daß Jesus in den Himmel kam.
- Ich möchte über Jesus sprechen, was er getan hat und wo er überall war.
- Über Israel heute.
- Wovon Maria und Josef im Stall gelebt haben.
- Wie Jesus in echt ausgesehen hat.
- Über die Häuser und die Gegend als Jesus lebte.
- Wie die Juden über die Sterne dachten.
- Über den König Herodes möchte ich mehr wissen.
- War der letzte israelische König auch so grausam wie Herodes?
- Warum haben sie nicht einen Boten zu Julius Cäsar nach Rom geschickt, damit Herodes gestürzt wird?
- Über alles.
- Über Julius Cäsar.
- Über David möchte ich mehr wissen.
- Über Dinosaurier.
- Religion im Mittelalter.
- Ich möchte mal über die Römer, Germanen und alten Griechen sprechen und wie die Germanen sich befreit haben.
- Mehr über die Gallier.

Kommentar

Fast alle Schüler (nur 6 Ausnahmen = 6,5% von N = 91) haben häufiger von Jesus gehört. Sie erinnern sich an einen moralischen „Supermann“ mit ungewöhnlichem Aussehen: „Bart, etwas lange Haare, Leinenhemd“, „Strahlen über dem Kopf“ (1x), dazu schlecht gekleidet, nett, gut, heilig, ehrlich, immer freundlich, hilfsbereit (17x),

„ein Mann ohne Tadel. Er tut nichts Schlechtes, er ist vollkommen. Er ging nicht mit der Mode und sowas". Unterstützt von einer zu verfänglichen Fragestellung[48] (Frage 3b) steht allen Schülern ein zumeist moralisch überhöhtes Bild vor Augen, von dem sie sich nicht lösen können. Denn als sie Jesus mit einer gegenwärtigen Person vergleichen sollen (Frage 4b), halten 83,5% das nicht für möglich, „weil Jesus bestimmt nicht so aussieht wie meine Bekannten oder Stars", oder aber sie halten es mit derselben Begründung für möglich. Was bedeutet es für ein Kind, diesen makellosen moralischen Helden, diesen guten Menschen vor Augen zu haben? Doch, daß er unvergleichlich ist, daß er in einer anderen Welt – ohne Elektrizität und Technik – und nicht in unserer zuhause ist.

Wer dieses gesetzliche Jesusbild vor Augen hat, der kann nur schwer verstehen, daß Jesus von Nazaret von seinen Zeitgenossen so oft abgelehnt wurde: „Seht, einer, der mit Betrügern und Dirnen zusammenlebt!" (Mt 11,19). Selbst seine Familie dachte: „Er ist verrückt, wir wollen ihn zurückholen!" (Mk 3,20 f). Nichts von der Dialektik seines Denkens und Verhaltens, nichts von seinen Konflikten: der radikal Gehorsame, der doch Ungehorsam stiftet und Aufruhr wirkt; der Dogmenlose, der situationsbezogen das Notwendige und damit den Willen Gottes tut; der Freie, der einzig in der Liebe zu Gott und den Menschen gebunden ist.

Ich meine, durch Defizite dieser „Bestandsaufnahme" sowie durch das starke Interesse am Thema (21 Schüler wünschen es unter Frage 6) seien unterrichtliche Ansätze in groben Umrissen sichtbar:

- eine Revision des „äußeren" Jesusbildes[49] durch Ordnen der Vorstellungen;
- ein Nacherleben einiger Streitgespräche unter gegenwärtiger Problemstellung wie z.B. „muß man immer gehorchen?"
  (Mk 2,23 ff);

---

[48] Im Nachhinein ergibt sich Kritik vor allem an Frage 3 b: diese hätte offener formuliert werden können, z.B. „Was erinnerst Du von Jesus?"; zudem fehlt eine Frage wie: „Wer hat Dir von Jesus erzählt?"

[49] Beispiel: einen „Personalausweis" für Jesus herstellen, ein Paßbild suchen und so herausfinden, daß sich verschiedene Völker und Kulturen jeweils „ihr" Jesusbild vorstellen (Material: Der Stern Nr. 40 vom 24.9.1970). Ergänzend die von den Schülern beschriebenen und gemalten Bilder mit den diesen ähnlichen Heilandsbildern des 19. Jhdts. (Schnorr v. Caroldsfeld, Thorwaldsen) vergleichen und dadurch ihre Herkunft bestimmen.

– Versuche, einige Konflikte des Jesus von Nazaret mit denen heutiger Menschen zu vergleichen[50].

LITERATUR ZU „BESTANDSAUFNAHMEN“ IM RU

Arbeitsgemeinschaft für religionspädagogische Projektentwicklung (ARPE): Protokoll der 4. Informations- und Koordinationstagung (hektographiert), München (dkv) 1973.

F. W. Bargheer, Das Interesse des Jugendlichen und der Religionsunterricht (1972).

U. Boos-Nünning, Dimensionen der Religiosität (1972).

G. Garlichs, Schülerfragen im RU, in: Gottes Wort in der Evangelischen Unterweisung, Festschrift G. Bohne, Berlin 1965.

A. Flitner, Glaubensfragen im Jugendalter (1961).

W. Harenberg, Was glauben die Deutschen?, 2. Aufl. München 1968.

N. Havers, Der Religionsunterricht – Analyse eines unbeliebten Faches. München 1972.

H. Reiser, Identität und religiöse Einstellung (1972)

Chr. Reents, Erziehung zum kritisch-produktiven Denken im Religionsunterricht der Grund- und Orientierungsstufe. Theoretische Grundlegung. Gütersloh 1974.

G. Stachel, Situationen und Qualifikationen, Lernziele und Inhalte. In: Katechetische Blätter 96 (1971), S. 342 - 348.

R. F. Stiegler, Ansätze zur Empirie im Bereich der Religionspädagogik. In: Evangelischer Erzieher 23 (1971), S. 85 - 100.

Didaktische Literatur zur Klärung der Lernausgangslage

W. Bartholomäus/L. Zinke, Projektbezogenes Lernen (Bericht). In: Katechetische Blätter 96 (1971), S. 468 - 484 (darin Fragebogen zum Thema „Tod“, S. 471 - 473).

H. K. Berg, Die Lernbedürfnisse der Kinder. In der Zeitschrift: z.B. 5. Jg./1970, S. 89 - 92 (Thema: Jesus).

---

50 „Vergleiche ihn ruhig mit anderen größen
sokrates –
rosa luxemburg –
gandhi –
er hält das aus –
besser ist allerdings –
du vergleichst ihn –
mit dir“

D. Sölle, meditationen & gebrauchstexte, Berlin 1969, S. 13. – Aus didaktischen Gründen schlage ich vor, die Namen der zweiten, dritten und vierten Zeile bei der Ersteinführung des Textes durch Leerzeilen zu ersetzen.

H.K. Berg/H. Strube, Verfahren und Materialien zur Erhebung von Schülereinstellungen und -interessen (am Beispiel der Themen „Wunder" und „Gastarbeiter"), in: D. Aschenbrenner (Hg.) RU in der Berufsschule, RPP 8, München 1972, S. 73 ff.

S. Berg, Vorschläge zur Erhebung von Schülereinstellungen. In: *S. Berg* (Hg.), Weihnachten, RPP 14, München 1973, S. 61 - 70.

Th. Bruinier, Mit Schülern Lernprozesse planen und durchführen. In: iru 3/1973, S. 14 - 18
iru 1/1974, S. 17 - 25.

Chromik/Meyer/Müller/Wagenknecht, Versuch der Erarbeitung von Curriculumelementen für das 5. Schuljahr nach dem Modell Robinsohn/Knab, in: Katechetische Blätter 96 (1971), S. 366 - 382.

M. u. R. Dross, Äußerungen über Angst in einem 3. und 4. Schuljahr. In: ru 1. Jg./1971, S. 106 - 126.

K. Ingenkamp, Tests in der Schulpraxis. Weinheim/Berlin/Basel, 1971.

G. Klages, Glück als Paradigma eines problemorientierten Religionsunterrichts in der Sekundarstufe I. In: Zeitschrift für Religionspädagogik 27 (1972) S. 9 - 23 (darin auch Situationserhebung).

F. W. Niehl, Projektgruppe Wien: Versöhnung – Vergebung. In: Christlich-pädagogische Blätter 85 (1972) S. 258 - 310 (Unterrichtsmodell; darin: Empirische Situationsanalyse, S. 261 - 265.

H.D. Osenberg, Das Leben ist schön – Das Leben ist schrecklich. Was unsere Kinder denken. Aussagen von 8 - 15-jährigen Schülern. (Stundenbücher Bd. 116) Hamburg 1974.

Chr. Reents, Vorerfahrungen von Schülern als ein Ausgangspunkt zur Modellentwicklung im Primarbereich (Loccumer Rel.-Päd. Studien und Entwürfe, Heft 11) 1972, S. 44 ff (Gehorsam).

Chr. Reents, Kritisch-produktives Denken im Religionsunterricht. Modelle für die Klassen 3 - 6 (Handbücherei für den Religionsunterricht Bd. 18), Gütersloh 1974.

V. Schmidt, Biblisch-theologische Tradition im Bewußtsein von Schülern einer 4. Klasse aus Hamburg-Wilhelmsburg. Eine Fallstudie. In: ru 4. Jg./1974, S. 165 - 173.

G. Stachel, Die Teststunde zur Identifikation von Lebenssituationen der Schüler. In: G. Stachel, Curriculum und Religionsunterricht, a.a.O., S. 147 - 163.

G. Ulrich, Pädagogische Forderungen an den RU in der Grundschule, in: *W. Konukiewitz* (Hg.), curriculumentwicklung für den ru in der grundschule (neue pädagogische bemühungen 56), Essen 1973, S. 49 ff.

Unterrichtsmaterialien für die Primarstufe und die Sekundarstufe I, hg. Niedersächsische Landeszentrale für Politische Bildung, Hannover 1973. Unterrichtseinheit: Möglichkeiten der Einflußnahme auf Unterrichtsinhalte durch Lehrer und Schüler.

R. Weil (Hg.), Wer hat den lieben Gott auf die Welt gebracht? Gottesvorstellungen von Kindern. Gütersloh 1974.

K. Wünsche, Die Wirklichkeit des Hauptschülers. Berichte von Kindern der schweigenden Mehrheit. Köln 1972.

VIERTES KAPITEL

Bibelbezogener und problemoffener Religionsunterricht im Primarbereich

Das Verhältnis von gegenwärtiger Problematik und biblischer Tradition ist in meiner Sicht[1] dem Bild einer Ellipse vergleichbar: eine ausgewogene Form mit zwei aufeinander bezogenen Brennpunkten. Nach christlich-jüdischem Verständnis sind Religion im eigentlichen Sinne und politisch-gesellschaftliche Situation untrennbar entsprechend dem Wort Jesu vom Zusammenhang zwischen Gottes- und Nächstenliebe (Mk 12,29 - 34). Anders ausgedrückt: bei Themen, die sich durch gegenwärtige individuelle und gesellschaftliche Erfahrungen stellen, ist durch den kritischen Rückgriff auf Tradition nach Maßstäben für Problemlösungen[2] zu fragen sowie Problemerweiterung anzustreben; bei Themen, die im Sinne exemplarischer Grundkenntnis biblischer Tradition wichtig sind, muß der Zusammenhang zu gegenwärtigen Lebensbedingungen herausgearbeitet werden. Denn wo Tradition einseitig betont wird, lauern merkwürdigerweise ähnliche Gefahren des Stillstands oder Rückschritts wie dort, wo Tradition einseitig beiseite gelassen wird. Tradition und Emanzipation bedingen sich wechselseitig.[3]

So gesehen darf der problemorientierte Religionsunterricht nicht als Ablösung des Bibelunterrichts oder als Programm gegen diesen ver-

---

1 Vgl. ausführlicher *Chr. Reents* in: HBR 18, 1974, S. 19 - 22.

2 *H.R. Schlette* a.a.O. Sp. 1248: „Was das Christentum betrifft, so sei hier lediglich vermerkt, daß in erstaunlicher Koinzidenz von historischer Forschung, politisch-gesellschaftlicher Situationsbestimmung und philosophisch-hermeneutischer Religionskritik Jesus von Nazareth als geschichtliche Gestalt jenseits von apologetischen und ideologischen Absichten an humanem und religiösem „Interesse“ gewonnen hat. Er wurde inzwischen weithin zur Symbolfigur eines auf Sinn und Humanität bezogenen Lebens unter den Bedingungen der Gegenwart.“

3 *K. Wegenast*, Art. „Bibel“ und „Tradition“, in: religionspädagogisches werkbuch, hg. D. Zilleßen, 1972, S. 149 - 154, dort als Zitat: „Hätten nicht die neuen Generationen unaufhörlich gegen die ererbte Tradition revoltiert, würden wir noch heute in Höhlen leben; wenn die Revolte gegen die ererbte Tradition einmal universell würde, werden wir uns wieder in Höhlen befinden.“ *(L. Kolakowski)*.

standen werden; andererseits dürfen auch die jüngsten Neubemühungen um den Bibelunterricht nicht als neuestes Programm gegen den problemorientierten Unterricht mißdeutet werden. Vielmehr zeigen allzu einseitige Arbeitsergebnisse, wie schwer es ist, in der Vermittlung von Tradition und Gegenwart die „ausgewogene Form der Ellipse" zu finden[4]. Deshalb soll zunächst die bereits angedeutete *Funktion traditionsbezogener Arbeit* für einen Religionsunterricht beschrieben werden, der von der Einsicht geleitet ist, daß die Verhaltensmuster heute weniger traditionsgeleitet sind:

(1) Vom Evangelium her ergibt sich vielfache *Kritik am Bestehenden* in Richtung auf mehr Brüderlichkeit, auf eine neue Gerechtigkeit, auf neues Vertrauen und Angenommensein.
Christliche Tradition ist als Gesprächsbeitrag in heutigen Konflikten insofern kaum entbehrlich, als die Rückbesinnung auf das Wirken und die Wirkungen Jesu von Nazaret Menschen liebesfähiger machen will. Während in den von Schülern artikulierten Erfahrungen vielfach Defizite sichtbar werden, zeigt das Evangelium positive Lebensmöglichkeiten. Die Evangelien sprechen von Gegenmodellen, die auf das Außerordentliche, auf das, was nicht so leicht zu finden ist, auf das Nicht-Machbare zielen. Dieser Hinweis darf nicht so verstanden werden, als ob Jesus doch immer recht habe, als ob er die Lösung für alle Fragen bereitstelle. Vielmehr muß sich das Argument im Vergleich mit anderen Konfliktlösungen bewähren[5].

(2) Problemerkenntnis und problemlösendes Denken sind theologisch gesehen auf *Kenntnis der Ursprünge* angewiesen. Ohne selbständig und kritische Erarbeitung theologischer Tradition läßt sich wohl kaum herausfinden und mit *Sachkompetenz* entscheiden, was im

---

4 Zum Gesamtproblem vgl. *H.B. Kaufmann*, Muß die Bibel im Mittelpunkt des Religionsunterrichts stehen? (1966), in: Streit um den problemorientierten Religionsunterricht, Frankfurt 1973, S. 23 - 27. – *K.E. Nipkow*, Schule und Religionsunterricht im Wandel. Heidelberg/Düsseldorf 1971, S. 236 - 279. – *U. Jaeschke/J.-F. Konrad*, Biblischer Unterricht, in: Religion in der Grundschule, hg. H. Grosch, Frankfurt/Düsseldorf 1971, S. 57 - 81. – *H. Buß*, Die Bedeutung und Funktion der biblischen Überlieferung. In: Unterrichtsmodelle im RU. Zur Praxis und Theorie, hg. H.K. Berg/F. Doedens, Frankfurt/München 1974, S. 123 - 134.

5 *D. Zilleßen*, Orientierung an Jesus von Nazareth als Lernprozeß, in: religionspädagogisches werkbuch, a.a.O., S. 184 - 186.

Rahmen gegenwärtiger religiöser Probleme notwendig und bedeutungsvoll ist. Aus diesem Argument darf keinesfalls die Überfrachtung des RU durch biblische Texte abgeleitet werden. Es handelt sich um die Befähigung zu einem Minimum an Sachkompetenz, das niemals nur reproduktiv und unkritisch erworben werden darf. Wer in einer langen christlichen Geschichte steht, vermag oft nur schwer den Aspekt des Neuen, des Außerordentlichen im Evangelium zu entdecken. Deshalb ist es eine der Aufgaben von Unterricht, die *Herkunft* allzubekannter Verhaltensmuster und Normen bewußtzumachen. Es handelt sich um ein Wechselverhältnis von Tradition und Gegenwart, um ein Erkennen der Voraussetzungen heutiger Positionen mit Hilfe des geschichtlichen Vergleichs. Der RU würde verarmen, wollte er grundsätzlich auf die Bibel oder aber grundsätzlich auf die Gegenwart verzichten.

(3) An mißverstandenen Bibeltexten findet eine popularisierte Christentumskritik vielfach Anhaltspunkte für ihre Polemik. Sie nimmt diese Texte wortwörtlich, eindimensional. Doch biblische Sprache ist vielschichtig. In einer Zeit, in der bildhafte Sprache und mit ihr mehrdimensionales Denken zu verkümmern drohen, kann eine *sprachliche Propädeutik* am Beispiel biblischer Texte zur nötigen Erweiterung der Denkformen beitragen. Im Primarbereich sind vielfältige Lernmöglichkeiten zu schaffen, um von einem zunächst eindimensionalen zum mehrdimensionalen Denken zu führen. Die hermeneutische Aufgabe bleibt und muß entsprechend der jeweiligen Voraussetzungen im Unterricht planvoll gelöst werden. Nur eine kritische Interpretation schützt vor der autoritären Zumutung, vergangene moralische und weltbildliche Vorstellungen im Unterricht zu reproduzieren.

Die drei Funktionsbeschreibungen sind im Zusammenhang des Interesses Acht- bis Zwölfjähriger an der Bibel zu sehen[6]: sie spricht Phantasie und Neugierverhalten an und wird noch nicht (fast) zwangsläufig in eine ferne, fremde Welt abgeschoben[7]. Deshalb halte ich zur

---

[6] *Chr. Reents*, a.a.O., S. 35 - 48 (Kap. 1, Anm. 5, 1. Titel).

[7] Zwei ungelöste Probleme:
- eine bei kleinen Kindern noch nicht ausreichend ausgebildete geschichtliche Distanz macht es nach meinen Unterrichtserprobungen unmöglich, im 1./2. Schuljahr Bibeltexte sachgerecht zu erarbeiten.

Zeit das dritte bis etwa sechste Schuljahr (Grund- und Orientierungsstufe) für das geeignete Alter, um in exemplarischer Sparsamkeit und ständiger Verschränkung mit gegenwärtiger Fragestellung Einblick in biblische Ursprungssituationen des Glaubens und Unglaubens zu geben und damit Orientierungsmarken kennenzulernen.

Beispiele

Exodus (Texte aus dem 2. Mosebuch)
Israels Auszug aus Ägypten als Symbol menschlicher Freiheitsgeschichte[8]

Jesus aus Nazaret[9]
Leben in der Zeit Jesu, seine Solidarität mit Leidenden, Verachteten und Hilflosen, sein Streit mit Gegnern, Interpretationen seines Verhaltens in seinen

---

– eine heute weithin „mythenfreie" religiöse Erziehung vollzieht sich zumeist auf der rein kognitiven Ebene. Daraus folgt für kleine Kinder nicht selten ein Verzicht auf Phantasie, Sinngebung, Weltdeutung und soziale Identifikation. Ist religiöse Erziehung ohne diese sozialen und affektiven Komponenten überhaupt möglich?

8 Vgl. Kap. 6, Modell I.

9 Zur Lernausgangslage und Planung vgl. das 3. Kapitel mit Beispielen aus einem 2. und 5. Schuljahr. Außerdem folgende Unterrichtsmodelle und Religionsbücher:
Arbeitsbuch Religion 1/2, S. 18 ff. Dazu: Lehrerhandreichung „Arbeitsbuch Religion" S. 25 ff, beide: Düsseldorf/Braunschweig 1973. – *B. Blasius/K. H. Ohlig*, Jesuskurs. München/Düsseldorf 1973. – *J. F. Konrad*, Jesus – ein bibelkundlicher Lehrgang für das 3. Schuljahr. In: Religion in der Grundschule, hg. H. Grosch, 1971, S. 172 - 212. – *G. Presler*, Bericht über einen sechsstündigen Unterrichtsversuch in der Grundschule, Zeitschrift für Religionspädagogik 1970, Heft 12; 1971 Hefte 2 und 4. – *Rahmenlehrplan* (-Entwurf) für den ev. RU in der Primarstufe in Niedersachsen, Juli 1974 (Umdruck). – *Chr. Reents*, Erziehung zum kritischen Denken im RU, Schülerheft 1, Düsseldorf/Frankfurt 1973. – *Dies.*, Kritisch-produktives Denken im RU. Modelle für die Klassen 3 - 6, Gütersloh 1974. – Religion: Bilder und Wörter 3./4. Schuljahr, Düsseldorf 1973, S. 61 - 82. – *D. Steinwede*, Jesus aus Nazareth (Sachbilderbuch) Lahr/Düsseldorf 1972. – *Ders.*, Jesus aus Nazareth (S. 168 - 191), in: Beiträge zur Reform der Grundschule Bd. 9/10, hg. vom Arbeitskreis Grundschule e.V. 1972. – *M. Wester*, Die Freundlichkeit Gottes, hg. Landesjugendpfarramt der Ev.-luth. Kirche Schleswig-Holstein, Koppelsberg/Plön o.J. – Wie wir Menschen leben, 2. Schuljahr, S. 27 ff. (Herder-Verlag, Freiburg 2. Aufl. 1972).
U. Jaeschke und *J.-F. Konrad* schlagen vor, daß die Schüler zunächst ein Wissen von der biblischen Umwelt erhalten, dem erst später die Deutungen des Glaubens zugeordnet werden. Dies setzt eine zu hohe Gedächtnisleistung voraus. Deshalb versuche ich, gegenwärtigen und historischen Umweltbezug mit biblischen Texten möglichst eng zu verknüpfen. Da mir zudem produktives Denken vorrangig erscheint, kann ich bei einem Jesuslehrgang im Quartal nur ein bis drei Texte erarbeiten.

Gleichnissen, sein Tod als „Verbrecher" draußen vor der Heiligen Stadt und Deutungen seines Todes durch die ersten Christen (Ostern).
Außer diesem Minimum Themen wie „Josephsgeschichte", „Schöpfung", „Wundererzählungen", „Weihnachten" u.a.

Biblische Texte haben im RU einen *fünffachen didaktischen* Ort. Sie können

- gelegentlich gänzlich fehlen, was nicht heißt, daß christliche Aussagen der Gegenwart fehlen;
- wenn es ihre Form (z.B. bei Sprüchen) erlaubt, als isolierte Zitate auftauchen;
- als Einzeltexte neben anderen Texten in einem Problemzusammenhang diskutiert werden;
- bei Themen im Mittelpunkt stehen;
- fortlaufend interpretiert werden.

Wichtig ist, daß in der Gesamtplanung keine dieser Möglichkeiten einseitig bevorzugt wird. Allerdings müssen sprachliche und altersbedingte Verstehensgrenzen besonders in der Eingangsstufe berücksichtigt werden[10].

Durch lehrgangsartige Elemente soll vermieden werden[11],

- daß biblische Texte ausschließlich als relativ überflüssiges Anschauungsmaterial, d.h. im Sinne der Bestätigung von ohnehin schon Gewußtem, verwandt werden;
- daß biblische Texte weitab oder entgegen ihrer ursprünglichen Intention verwandt werden;
- daß biblische Texte ohne ihre gesellschaftliche Dimension im Sinne allgemeiner Wahrheiten oder Sentenzen mißbraucht werden;
- daß Schüler biblische Texte nicht nur als isolierte Zitate, als „eingeblendete Spots" ohne Sinnzusammenhang sporadisch zur Kenntnis nehmen.
- daß die Sprache biblischer Texte unverstanden bleiben muß, weil sprachliche Propädeutik im RU nicht vorkam.

---

10 *R. Goldman*, (in: Vorfelder des Glaubens, Neukirchen 1972) möchte vermeiden, daß Kinder und Jugendliche wegen altersbedingter und sprachlicher Verstehensgrenzen negative Haltungen gegen Bibel und christlichen Glauben entwickeln, ehe sie ihren Sinn voll begreifen. Deshalb sieht er bis etwa zum Alter von neun Jahren kaum biblische Texte vor.

11 Vgl. auch *K. Wegenast* a.a.O., S. 147.

Offene Fragen

Insgesamt muß die Funktion der Bibel und ihr didaktischer Ort im RU der Primarstufe weiter geklärt werden

- hinsichtlich einer voraussetzungslos verstehbaren Zielsetzung, Auswahl und sprachlichen Gestaltung; denn es darf nicht mehr als selbstverständlich postuliert werden, daß Schüler und Lehrer christlich engagiert oder geprägt sind;
- hinsichtlich einer für Kinder vertretbaren Auswahl der Themen und Texte; denn im Unterrichtsangebot der Grundschule sind biblische Texte zweifellos am schwersten verständlich;
- hinsichtlich der Aufbauprinzipien analog zu den jeweiligen Sprach-, Denk- und Lernvoraussetzungen;
- hinsichtlich eines zumeist vom Neugierverhalten her begründeten Interesses;
- hinsichtlich der Rolle des Unterrichtenden: er hat in jedem Fall zu durchdenken, wie das Christliche im Sinne offener Beiträge eingebracht werden kann;
- vor allem auch hinsichtlich eines methodischen Arrangements, das kreative und kritische Gedanken herausfordert.

FÜNFTES KAPITEL

Religionsunterricht in der Eingangsstufe (1./2. Schuljahr)

1. Zur Ausgangslage

Da ich oft gefragt werde, ob und in welchem Sinne ein zeitgemäßer RU in der Eingangsstufe möglich sei, da zudem eine das Problem verschärfende Verfachlichung des Unterrichts schon im ersten Schuljahr beobachtet werden kann, entschloß ich mich im Herbst 1972, an der Mittelpunktschule Obenstrohe zweistündigen Fachunterricht „Religion" im ersten Schuljahr zu übernehmen. Ein kurzer *Erfahrungsbericht* aus einer der beiden Klassen soll die sich mir zur Zeit ergebenden Möglichkeiten und Grenzen anschaulich werden lassen:

Es waren Schulanfänger. Als ich zum ersten Mal in ihre Klasse kam, fiel mir zweierlei auf: mehrere Kinder lagen auf dem Fußboden und balgten sich; einer beklagte sich sofort: „A. hat mich gehauen!" Mir ging durch den Kopf, ob unser erstes Thema wohl „Streit" heißen könnte? Für heute sollte es erstmal um ein erstes Kennenlernen durch Namensspiele gehen.
Als endlich alle auf ihren Plätzen saßen, riefen einige: „Ich kenn' Dich" – Du bist Herrn Reents (Schulleiter) seine Mama". Ich nickte bestätigend; es sprudelte weiter: „Du wohnst in der . . . . . . straße" – „Was machen wir bei Dir?" – „Hören wir jetzt auch so schöne Geschichten wie im Kindergarten?" – „Du bist auch Pastor, nicht?" – „Hör aber auf mit Dein'm Scheißgott!" – „Ich weiß nicht, was das ist; fang' man erst an".

Mehr zufällig, ohne viel Zutun, hatte sich in etwa 20 Minunten ein erstes, vorläufiges *Ergebnis* herausgeschält:

- Ein Teil der Klasse, etwa die Hälfte, hatte den nahegelegenen evangelischen Kindergarten besucht und dachte beim Beginn des RU zunächst an eine Fortsetzung biblischer Geschichte.
- Bei vier Kindern war Ablehnung hörbar. Da mir die Kinder noch fremd waren, konnte ich nicht beurteilen, was aus Albernheit und was im Ernst gesagt war.
- Bei etwa einem Drittel, konnte ich eine abwartende Haltung ohne vorheriges Wissen und Urteilen spüren.

Sicherlich darf diese kleine Beobachtung nicht verallgemeinert werden. Sie ist jedoch insofern wichtig, als ich bei meiner Unterrichtsgestaltung nicht mit einer homogenen Gruppe evangelischer Schüler rechnen konnte, sondern verschiedene Einstellungen und Vorerfahrungen zum Thema: Religion – Gott – Glaube – Kirche berücksichtigen mußte. Es gilt, diese Verschiedenheit zu bejahen. Ein weiterer Aspekt: Wenn sich einige Kinder bei biblischen Themen später zuweilen langweilten, mußte ich mich fragen, ob es daran lag, daß ihnen die eine oder andere Geschichte allzu bekannt war. Interesse beginnt ja mit dem Ansprechen der Neugier; Neues weckt Neugierde. Nicht immer führt eine christlich geprägte Kindererziehung dazu, daß ein erstes Interesse wachbleibt. Aber auch nicht immer führt eine indifferente Kindererziehung zu späterer Ablehnung. All das ist vielschichtiger, komplizierter.

Eine *erste Folgerung:* die gesellschaftlichen Voraussetzungen religiöser Erziehung unterscheiden sich bei Kindern und Jugendlichen nicht prinzipiell. Schon im Kindesalter kann ich nicht mehr von fragloser Zustimmung zu Inhalten des Glaubens ausgehen, sondern – zwar noch nicht so deutlich wie in Berufsschule und Gymnasium – von unterschiedlichen religiösen Vorprägungen und Einstellungen einer kritischen Schülerschaft.

Aufgrund von Schülerbeobachtungen ergaben sich im Laufe eines ersten Schuljahres folgende *Unterrichtsthemen:* Streiten – sich vertragen; Wahre und falsche Freunde; Danken; Angst – Liebe; Weihnachten; Gehorsam – Ungehorsam; Josephsgeschichte; Frieden.

Wer über diese Themen nachdenkt, wird mehr vom kindlichen, vom menschlichen Alltag entdecken, als er es vom eigenen RU in seiner Kindheit gewohnt war. Das bedeutet jedoch nicht, daß die Bibel im RU nicht mehr vorkommt. Gerade wegen ihrer bleibenden Bedeutung soll sie so zur Sprache kommen, daß schon Kinder vor allem in Wort und Tat Jesu von Nazaret Anfragen an sich selbst und ihren Alltag entdecken können.

Eine *zweite Folgerung:* auch Gesamtziel und übergreifende Thematik des RU für Kinder und Jugendliche unterscheiden sich nicht prinzipiell.

Allerdings muß auch festgestellt werden, daß sich bisher kaum ein Religionspädagoge mit dem Problem des Anfangsunterrichts auseinandergesetzt hat. Religiöse Primärsozialisation, psychologische Erkenntnisse von der kindlichen Egozentrik, unterrichtliche Praxis und Theoriebildung, Fibel, Lesebuch und Sachkundelehrplan wurden bisher nicht im Gesamtzusammenhang bearbeitet. Eine die Selbsttätigkeit fördernde Fibel: Religion[1] fehlt und ist vielleicht auch kaum sinnvoll.

2. Bisherige Positionen

Dazu ein kurzer Überblick über *drei* bisher vertretene *Positionen:*

(1) Der erste RU sollte mit dem Erzählen biblischer Geschichten einsetzen[2], um zunächst elementare Information z.B. über „Jesus Christus und die Christen heute" im Sinne einer Grundlegung zu ermöglichen. Dabei haben sich im letzten Jahrzehnt die Auswahlkriterien gewandelt: von entwicklungspsychologisch bedingter Zuordnung magisch-mythischer Texte zur sogenannten magischen Kindheitsphase[3] zu einer mehr gegenwarts- und realitätsbezogenen Themenwahl[4].

(2) Eine zweite Position will im ersten RU religiöse Grunderfahrungen ermöglichen, religiöses Fragen wecken, aufnehmen und thematisieren, z.B. Andacht, Gebet, Gotteserfahrungen, religiöses Liedgut, die Kirche und ihre Feste. Teilnahme und Begegnung mit gelebtem Glauben gelten als vorrangig[5].

Beide Positionen[6] setzen in dem jüngeren Teil unserer heutigen Gesellschaft – es handelt sich ja primär um Eltern kleiner Kinder – einen Konsens im Blick

---

1 Lieferbar sind zur Zeit (September 1974): *G. Biemer/I. Kern*, Unterwegs zu Dir. Religionsfibel. Freiburg 1971. – *Dies.*, Religionsunterricht im ersten Schuljahr. Freiburg 1971. – *S. Wibbing (Hg.)*, Kinder fragen nach dem Leben. Arbeitsfibel Religion 1. Schuljahr. Frankfurt 1974. – *H. Grosch* [u.a.], Religion: Bilder und Wörter. Düsseldorf 1974. –

2 *K. Witt* [u.a.], Arbeitshilfen für den RU an Volksschulen, Hannover 1952. – *I. Baldermann*, Der biblische Unterricht, Braunschweig 1969, S. 232 ff. – *Richtlinien und Lehrpläne für die Grundschule*, Schulversuch Nordrhein-Westfalen. Ergänzung, Evangelische Religion 1971 (= NRW 1971).

3 *D. Steinwede*, Arbeitsplan für den evangelischen RU an Volksschulen, Göttingen 1967, S. 12 ff. –

4 z.B. *I. Baldermann*, 1969; NRW 1971, Württemberg 1967.

5 *H. Grosch*, Überlegungen zur Stoffauswahl im RU für das 1. bis 3. Schuljahr in: Evangelische Unterweisung 20 (1965), S. 207 ff. – *E. Gruber*, Arbeitshilfen für die Glaubensunterweisung im 1. und 2. Schuljahr, München 1969. – *R. Goldman* a.a.O., S. 210 (teilweise). – *P. Rawenz*, Religionspädagogik des Kleinkindes, 3. Aufl. 1971.

6 Eine Kombination beider Positionen findet sich in *Arbeitsbuch: Religion 1/2* (1973). Erste Themen: Bibel, Gott, Jesus aus Nazareth, Taufe, Vätergeschichten, Nikolaus, Weihnachten. . . . . Dieses Buch überschätzt meines Erachtens die Lesefähigkeit des Sechs- bis Siebenjährigen. Ebenso das zu dem Unterrichtswerk gehörende Arbeitsheft (Düsseldorf 1973). Vgl. auch *D. Steinwede*, RU im 1. und 2. Schuljahr, in: Der Evangelische Erzieher 27 (1975) S. 173 - 190.

auf eine christliche Ausrichtung der Erziehung voraus. Diese Voraussetzung kann nicht mehr fraglos gesetzt werden; es sind neben den Zahlen der Kirchenaustritte die Statistiken über den Rückgang von Taufen und christlichen Trauungen, die eine zum Teil schon länger latent zu spürende Distanz zum christlichen Glauben belegen.

Im Rahmen eines weitverstandenen Religionsbegriffs wird deshalb neuerdings eine dritte Möglichkeit für den Anfangsunterricht vertreten:

(3) Der erste RU sollte mit säkularen Konflikten der Primärschüler einsetzen, um diese im Hinblick auf die religiöse Fragehaltung aufzuarbeiten bzw. zu erweitern[7]. Es sind Fragen des Kindes nach sich selbst und nach seiner Umwelt in Familie, Schule, Spielgruppe und gelegentlich auch in Massenmedien. Dabei wird oft zu rasch vorausgesetzt, daß Kinder überhaupt nach sich selbst fragen, daß sie über Selbstverständliches nachzudenken bereit sind, daß sie Distanz zu sich selbst und Interesse an sich selbst mitbringen

Zudem wird ein Aufarbeiten der religiösen Primärsozialisation angestrebt. Dort, wo religiöse Werte und Trivialvorstellungen in der Kindererziehung vor dem Schuleintritt noch eine Rolle spielen, ist das eine teilweise wichtige Aufgabe; einschränkend bleibt die Frage, ob Sieben- bis Achtjährige zur Kritik an familialer Kindererziehung gebracht werden sollten.

Bei der Frage nach dem *Für und Wider* dieser drei Grundpositionen ergibt sich ein vielfaches *Dilemma* (vgl. Kap. 2): einerseits zeigt die kindliche Neugier lebhaftes Interesse am Fremden und Fernen biblischer Geschichten; andererseits ist es gerade ihre fremde Welt und Sprache, die zu vielen Mißverständnissen im Bibelunterricht führen. Einerseits fragen Kinder selten nach dem ihnen Selbstverständlichen; andererseits ist die Fähigkeit zur Selbstreflexion eine notwendige Basis für religiöse Fragen überhaupt. Einerseits ist es der kindlichen Egozentrik sehr schwer, die vielen divergierenden Umwelterfahrungen ohne abstraktes Denken zu thematisieren; andererseits soll Abstraktion ja erst erlernt und die Egozentrik überwunden werden.[8]

---

7 *R. Goldman*, Vorfelder des Glaubens, Neukirchen 1972. – *Erfahrung und Glaube*, 1971, vor allem mit den Entwürfen von *H. Kölker*. – Außerdem zum Teil Lehrpläne der Länder: Rheinland-Pfalz (1970), Hessen (1971), Niedersachsen (1973) erst ab 2. Schuljahr Hamburg (1973), Nordrhein-Westfalen (1973) bedingt. Sowie Teile des Religionsbuches „Bilder und Wörter“ 1/2. Eine Variante: der diagnostisch-therapeutische RU im Primarbereich. – *G. Otto/H. Rauschenberger*, Mainzer Thesen zum RU in der Grundschule, in: W.G. Esser (Hg.), Zum RU morgen III, 1972. – *G. Otto/H.J. Dörger/J. Lott*, Neues Handbuch des RU. Hamburg 1972, S. 61 - 64.

8 Im „Vorlesebuch Religion“, Band 1 und 2 sowie in der thematischen Zuordnung dieser Geschichten in neueren Lehrplänen fehlen didaktische Reflexionen zur Abstraktionsfähigkeit. Dieser Mangel kann in der Vorstellung kleiner Kinder zu einem zusammenhanglosen Mischmasch führen.

Das Vierte: einerseits erwachsen religiöse Einstellungen als Imitation aus einem festen Sozialzusammenhang mit entsprechender affektiver Bindung[9]; andererseits wurde gerade dieser Typ religiöser Erziehung zu recht als Indoktrination gebrandmarkt. Wieweit sich die noch vorhandenen Reste religiöser Primärsozialisation schon im 1./2. Schuljahr aufarbeiten lassen, ist mehr als fraglich. Ich habe den Eindruck, daß dieses Aufarbeiten religiöser Sozialisation in protestantischer Tradition parallel zum Konfirmandenunterricht notwendig ist, also eher in der Pubertät als in der Eingangsstufe. Vom 7. Schuljahr ab wird jedoch nur noch wenig RU erteilt.
Es wäre deshalb kurzschlüssig, eine der drei beschriebenen Grundpositionen als nur richtig zu bezeichnen, die anderen dann konsequenterweise als total falsch. In der Zielsetzung gilt es vielmehr, die Positionen nach kritischer Prüfung der in Ihnen enthaltenen Wahrheitsmomente aufeinander zu beziehen; z.B. darf ein Thema wie ,,Weihnachten" in keiner der Positionen grundsätzlich eliminiert werden. Insgesamt ist eine planvolle Themenwahl vom Lesebuch der Schule und von den Richtlinien für Sachkunde mit abhängig.

Unterrichtseinheit:
3.1 Streit und seine Lösungen

Adressat: Vorklasse und 1./2. Schuljahr
Zeitbedarf: ca. 5 Unterrichtsstunden

Zur Begründung der Themenwahl
Während das Thema sowohl vom Schüler wie von gesellschaftlichen Kontext her relativ leicht begründbar ist (Konflikt-Interessenkollision), fällt die theologische Begründung schwer. Der allgemeine theologische Ort – die religiöse Frage nach Heil (schalom) Versöhnung, Frieden – läßt sich zwar unschwer beschreiben, doch ist dies dem Schüler im 1. Schj. in so abstrakter Form kaum verständlich. Das Evangelium lehrt, daß Gott dort ist, wo Liebe ist, daß man aber nicht bei jeder guten Tat an Gott denken müsse (selbst die Frommen fragen ,,Herr, wann . . . . ?", Mt 25,35 ff). Genügt es nicht, wenn

---

9 *R. Oerter*, Moderne Entwicklungspsychologie, 11. Aufl. Donauwörth 1972, S. 287 ff. Vgl. auch Kapitel 2 dieser Arbeit.

der Herr vom Ende her urteilt? Und wenn wir die für uns offenen Fragen als Aufgaben sehen, an denen es zu arbeiten gilt? Dieses Thema gehört zum RU, weil es Kinder „unbedingt angeht" (P. Tillich) und weil es um die Gestaltung des Miteinanders in Sachlichkeit, Liebe und Mitmenschlichkeit geht (vgl. die von Jesus vertretene Norm des Miteinanders, Mk 2,27). Es geht um Versuche, das Evangelium der Bergpredigt entsprechend zu praktizieren.
Speziell im 1. Schj. kann es nur darum gehen, in kurzen, situationsbezogenen Sequenzen Erfahrungen zum Thema zu artikulieren und zu durchdenken. Dabei sollen möglichst in jeder Stunde der Aspekt des Streitens und der des Streitlösens möglichst differenziert bedacht werden. Ein Bezug zu christlichen Aussagen (Junker/Grenz denken an die Josephsgeschichte) würde die Fähigkeit zu vergleichendem Denken voraussetzen. Diese muß erst erlernt und geübt werden.

Grobziel: Die Schüler können in eigenen Alltagskonflikten entlastende und befreiende Hilfe finden.

1. Stunde: Klärung der Lernausgangslage (Bestandsaufnahme)
Ziel: Die Schüler sollen zeichnend Streiterfahrungen artikulieren.
Aufgabenstellung: Menschen streiten sich manchmal. Könnt ihr ein Bild dazu malen?
Ergebnisse aus zwei Klassen (November 1972 und März 1974, ca. 20 - 25 min). Es entstanden 65 Bilder, von 9 Bildern (= 13,8%) war das Thema nicht erkennbar.
Nachträglich muß ich vermuten, daß ihnen der Begriff „Streit – sich streiten" und damit die Aufgabenstellung der Lehrer unklar waren (besser: zanken).

Von 46 Kindern wurden folgende *Bildthemen* gewählt:

Streit um einen Ball (18x)
Streit (mit der Mutter) um Schokolade (5x)
Streit um ein Spiel, z.B. Tischfußball, Halma (4x)
Streit um eine Puppe (3x)
Streit um Milch in der Pause (2x)
Streit um eine Tasche (2x)
Streit um einen kleinen Hund (2x)
Außerdem je einmal um einen Fisch beim Angeln, ein Fahrrad, um Kirschen unter dem Baum, um eine Uhr, einen Blumenstrauß, ein Lineal, einen Kasten, einen Roller, gefundenes Geld.

D.h. 70,8% der Schüler wählten Bildthemen, die Streit um einen Gegenstand sichtbar machen.

Zehn Bilder (= 15,4%) galten folgenden *Themen:*

Zwei oder drei Jungen kloppen sich (4x)
Ein Kind weint (2x)
Alle gegen einen (1x)
Mutter und Tochter, getrennt durch einen dicken schwarzen Strich.
Zwei mit Worten streitende Kinder; mündlicher Kommentar dazu: „Jeder will mit der Mutter schmusen, dann sind sie rausgegangen und haben sich gestritten".

Kinder, die mit dem Malen fertig waren, sahen sich ein Bilderbuch vom Streit unter Tieren an: *B. Wildsmith,* Die Eule und der Specht. Die Lehrperson erzählte abschließend in Auswahl.

2. Stunde: Verschiedene Streitsituationen
Ziel: Die Schüler
(1) sollen zu ausgewählten Bildern, die sie selbst gemalt haben, erzählen und sollen verschiedene Streitsituationen unterscheiden lernen.
(2) sollen Möglichkeiten der Beendigung verschiedener Streitfälle entdecken.

Aufgabenstellungen:
(1) Es wird ein Bild nach dem anderen an der Hafttafel befestigt, Schüler erzählen dazu; anschließend werden die Bilder einem Schema an der Tafel zugeordnet; die Kinder finden dazu Überschriften (15 min.):

kleiner Streit	*ernster Streit*
Streit um einen Ball __________ __________	– Zwei schlagen sich jeden Tag. – Alle gegen einen. – Ein Kind weint oft. – Mutter und Tochter sind durch einen dicken Strich getrennt.

Menschen streiten sich manchmal

Arbeitsergebnisse 1. Schj. Obenstrohe 1972

Abb. 7. Streit um Schokolade

Abb. 8. Alle Kinder zanken sich um ein Paket

Abb. 9/10. Die zanken sich. Dann hören sie auf, weil Vater und Mutter kommen.

Abb. 11. Kinder vertragen sich

Alternative zu (1): Gerechter und ungerechter Streit
(1a) Kurzes Vorlesen von fünf gegensätzlichen Zeilen:

Streiten muß sein!	Nein, Nein!
Streiten macht frei!	Es ist bloß Geschrei!
Streiten tut gut!	Es steigert die Wut!
Streiten macht Spaß!	Es erzeugt Haß!
Streiten ist fein!	Streit ist gemein!

(aus: Streitbuch für Kinder, 1973, S. 75)

(1b) Zuordnen von passenden Schülerzeichnungen nach einem Gespräch.

Streiten muß sein!	Nein, Nein!

Fortsetzung nach beiden Möglichkeiten:

(2) Arbeitsblatt Nr. 3 (ca. 15 min.)
Auf der linken Spalte finden sich jeweils zwei oder mehrere Kinder, die sich um einen Gegenstand streiten; Lösungen der verschiedenen Streitfälle sollen die Kinder zunächst im Rollenspiel erspielen und dann auf den freien Feldern skizzieren. Auf den drei linken Feldern wurden die Streitgegenstände so ausgewählt, daß verschiedene Streit*lösungen* gefunden werden mußten:

Streit um einen Ball – gemeinsam spielen
Streit um Schokolade – teilen
Streit um ein Rad – abwechselnd fahren oder gemeinsam fahren.

Aus Gründen der notwendigen Beschränkung wurde der Arbeitsbogen sparsam gestaltet. Um die Motorik aufzufangen, machten wir zwischen der ersten und zweiten Arbeitsphase Klatsch- und Bewegungsspiele (ca. 10 min.)

3. Stunde: Eine Streitszene und ihre verschiedenen Lösungen

Ziel: Die Schüler sollen den Anfang eines Konfliktes hören und sehen; sollen Konfliktlösungen auf andere, nicht verbale Weise vorschlagen.

Aufgabenstellung: Es wird ein Kasperletheater angekündigt mit dem Zusatz: Mal seh'n, ob ihr herausfindet, wie dieser Streit wohl zu Ende gehen kann.

Phase 1: Puppenspiel

Phase 2: Lösungen des Streites tuschen oder malen

zu 1: Inhalt des Puppenspiels (Entwurf: Heilke Rieken, 1974)[10]

Die Personen stellen sich selbst vor: Kasper, Schlackerjann, Großmutter, Onkel Jockel

Variante: Die Puppen werden gezeigt; die Schüler geben ihnen Namen und erschließen ihre Rollen (Vermutungen).

Schlackerjann wartet auf Kasper, der versprochen hat, mit ihm zu spielen, weil er oft allein ist. Aber Kasper kommt nicht. Schlackerjann wird ärgerlich. Großmutter erscheint, stöhnt über ihre müden Beine und darüber, daß sie noch in die Stadt zum Medizinkaufen laufen muß. Als sie Schlackerjann sieht, bittet sie ihn, für sie die Besorgung zu erledigen. „ich helfen, Kinder hört ihr das, *ich* helfen! Ich denk' ja gar nicht daran!" Großmutter geht. Schlackerjann wird immer ärgerlicher über Kasper. Onkel Jockel erscheint und schleppt sich mit einer schweren Kiste ab. Die Bitte an Schlackerjann, ihm tragen zu helfen, wird abgelehnt: „Trag' du dein Zeug doch alleine!" Onkel Jockel geht. Schlackerjann ist nun endgültig wütend; er will Kasper einen Streich spielen: er gräbt ein tiefes Loch, legt es mit Zweigen wieder zu und versteckt sich. – Als Kasper ganz außer Puste erscheint, sucht er überall den Schlackerjann und erzählt dabei, daß er zuhause noch kurz für Mutter etwas erledigen mußte. Großmutter humpelt heran, sagt, daß sie auf dem Weg in die Stadt sei. Kasper nimmt sie Huckepack und läuft mit ihr fort. Schlackerjann kommt aus seinem Versteck, fragt die Kinder, ob sie inzwischen Kasper gesehen hätten. Zurufe: „Der ist schön blöd, daß er hilft. Spielen ist viel schöner." Er versteckt sich wieder. Als Kasper zurückkommt, erscheint Onkel Jockel. Dem hilft er, die schwere Kiste nach Hause zu tragen. Schlackerjann schleicht aus seinem Versteck und ruft voller Schadenfreude: „Geschieht dem Kasper ganz recht, wenn er in meine Kuhle fällt; den anderen hilft er und mich läßt er warten, mich läßt er allein, mit mir will er nicht spielen, wo er mir's doch versprochen hat – und was man versprochen hat, muß man auch halten." Dann versteckt sich Schlackerjann wieder. Kasper kommt, sucht Schlackerjann und fällt dabei in die Kuhle. Auf sein lautes Hilfe-Geschrei kommt Schlackerjann aus seinem Versteck und zieht Kasper nach einigem Hin und Her aus der Grube. –

---

[10] E. Sievers u.a., Religiöse Erziehung in der Vorklasse. In: Grundschulkongreß Niedersachsen. Beiträge zur Reform der Grundschule 24/25, 1975, S. 83 - 106

Nachdem Kasper erfahren hat, daß Schlackerjann die Grube gegraben hat, stellt er an die Zuschauer die Frage: „Hab ich denn wirklich Schuld, weil ich so spät gekommen bin? –
Was meint ihr, soll ich jetzt mit Schlackerjann spielen oder ihm böse sein?"

Die Geschichte wurde als ein Streit konstruiert, bei dem keiner eindeutig schuld hat. Gesprächsausschnitte im Anschluß an das Puppenspiel:
Die Schüler kommentierten das Kasperlespiel spontan; sie stritten sich um Schlackerjanns Haltung, bezogen aber keinesfalls alle gegen ihn Stellung. Das Verhalten der beiden war umstritten. Sie antworten Kasper:

- Du hast schuld, weil du ihm was versprochen hast.
- Du hast ihn warten lassen.
- Er hat sich ärgern müssen.
- Nein, er hat der Großmutter geholfen.
- Du bist ja noch gekommen.
- Die Kiste war schwer.
- Schlackerjann sollte auch helfen.
- Kasper soll wieder mit ihm spielen; es ist besser, wenn sie sich vertragen.
- Es ist so langweilig, wenn man nicht miteinander spielen kann.
- Ich würd' nie mehr mit ihm spielen.
- Doch, der muß mit ihm spielen, weil der Schlackerjann ihm aus der Kuhle geholfen hat.

Zu Phase 2: Lösungen des Streites

Es entstehen Bilder mit folgenden Lösungsmöglichkeiten[11]:

Versöhnung

(1) die beiden spielen Anticker [Abb. 12] (oder Fußball, Kriegen oder Versteck, zusammen 7 Schüler)
(2) die beiden gehen spazieren [Abb. 13] (1 Schüler)
(3) morgen wollen sie wieder miteinander spielen [Abb. 14]

Fortsetzung des Streites

(4) der Streit geht weiter, aber mit Worten. Sie fassen sich nicht an [Abb. 15] (1 Schüler)
(5) Schlackerjann hilft dem Kasper nicht aus der Kuhle, sondern führt den Streit mit einem Stock weiter [Abb. 16] (1 Schüler)

---

[11] Februar 1974, 12 Kinder einer Vorklasse in Oldenburg-Krusenbusch. 7 Jungen: 5;8 bis 6;8 Jahre – 5 Mädchen: 6;0 bis 6;3 Jahre; 1 Kind fehlte. Lehrerin: Heilke Rieken. Sie hat die Bilder aufgrund von Kinderäußerungen beschriftet. Ich habe diesen Vorschlag in meine Unterrichtseinheit „Streit" im 1. Schuljahr, März 1974, eingearbeitet mit vergleichbaren Ergebnissen bei minderer Bildqualität. Außerdem hatten die Schüler den Handpuppen bei der Vorstellung eigene Namen gegeben.

Eine Streitgeschichte und ihre Lösungen

Vorklasse Oldenburg-Krusenbusch, Februar 1974
Lehrerin: Heilke Rieken

VERSÖHNUNG

Abb. 12. Mädchen 6;1
Vater: Rangierer DB

Abb. 13. Mädchen 6;2
Vater: Arbeiter

Abb. 14. Junge 6;0
Vater: Propagandist

FORTSETZUNG
DES STREITES

Abb. 15. Junge 5;11
Mutter: Hausfrau

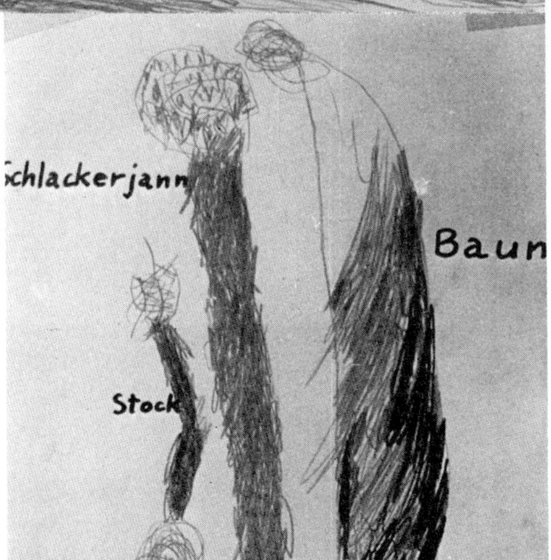

Abb. 16. Junge 5;7
Vater: Fahrschullehrer

4./5. Stunde: Nach einem Streit[11a]

Ziel: Die Schüler sollen den Anlaß des dargestellten Streites artikulieren, Lösungsmöglichkeiten für die Beendigung des Streites finden, sich für eine der Lösungen entscheiden, diese im Rollenspiel darstellen und versuchsweise miteinander vergleichen.

Material: Wandbild (Handbild) Nr. 4: Junge und Mädchen streiten sich um Spielsachen. Karton mit den abgebildeten Spielsachen. Schülerarbeitsblatt Nr. 5 im Anhang.

Aufgaben: Bildbetrachtung
(1) freies Äußern, gegebenenfalls Impulse
– Kannst Du Gründe des Streites suchen?
– Der Streit kann doch nicht immer weitergehen!
Der Lehrer hält Lösungsmöglichkeiten für die Beendigung des Streites jeweils in einem Stichwort an der Tafel fest und numeriert sie.
(2) Tafelbild: Ende des Streites
Schüler lesen Lösungsvorschläge von der Tafel vor. Sie notieren auf einem Zettel die Nummer der Lösung, die sie selbst wählen würden.
(3) Rollenspiel: Ende des Streites
Karton mit Spielsachen: z.B. 2 Bälle, 2 Rollschuhe, 2 Autos, 2 Bilderbücher usw. dem Arbeitsbogen Nr. 4 entsprechend.
Bildung der Spielgruppen entsprechend des jeweiligen Lösungsvorschlags, Spielversuche, Beurteilung des jeweiligen Rollenspiels durch das Publikum.
(4) Schülerarbeitsbogen Nr. 5 – abgebildet sind:
(a) Sich vertragen,
(b) Mutter um Hilfe angehen,
(c) ein freies Feld zum Zeichnen einer von den Schülern gefundenen, hier fehlenden Lösung,
(d) der Stärkere setzt sich durch.
Die Schüler sollen im Gespräch die Lösungsmöglichkeiten miteinander vergleichen und sie beurteilen.
Beobachtungen: Während das „Publikum" des Rollenspiels den aggressiven Lösungen positiv gegenüberstand, änderte sich die Meinung vieler Schüler, als sie über den Schülerarbeitsbogen nachdachten. So kann das Medium „Papier" von aggressiver Realität ablenken.

[11a] Gritta Ulrich, PHN Hannover, hat diesen Entwurf in einem 2. Schj. am 17.4.75 erprobt. Gesprächsausschnitte wurden vom NDR III übertragen. Protokoll und Kommentar wird in der Zeitschrift „ru" veröffentlicht.

Bericht über eine Variante: Entscheidungsspiel
Zwei Schüler eines 2. Schj. erhalten die Aufgabe, Spielsachen (2 Bilderbücher, 2 Teddies, 2 Bälle, 2 Rollschuhe) gerecht zu verteilen. Das Problem: wie läßt sich die Verteilung bei nur einem Paar Rollschuhe lösen? Die Schüler spielen verschiedene Entscheidungen durch:

- Der Stärkere bekommt beide Rollschuhe
- Mutter soll ein zweites Paar kaufen
- Mutter sagt: erst der eine, dann der andere, usw.

Bei der vergleichenden Diskussion finden die Schüler, daß ihre eigenen Lösungen entweder das Eingreifen eines Stärkeren vorsehen oder nur durch Gewalt möglich sind. Da der Lehrer dieses Entscheidungsspiel zum Durchdenken von Defiziten benutzen will, skizziert er jeden Lösungsvorschlag mit Strichfiguren an der Tafel, fügt ein leeres Feld an und bittet die Schüler, eine friedliche Lösung zu skizzieren, bei der nur die beiden Beteiligten vorkommen dürfen. Hier ist die zeichnerische Bearbeitung des Defizites angebracht, da das Rollenspiel erneut zu kämpferischer Auseinandersetzung lockt und von der Methodenwahl her die Möglichkeit partnerschaftlicher Einigung verbauen kann.

Zweite Variante: Pantomime nach dem Streit
Vorgegebene Situation (Aufgabenstellung): Nach dem Streit drehen beide einander den Rücken zu; keiner sieht den anderen an. Wie kann das weitergehen? [12]

[12] Pantomimische Schattenspielvorschläge finden sich bei: *W. Longardt*, Spielbuch Religion, 1974, Nr..78.

3.2 *Strukturplanung der Unterrichtseinheit „Streit und seine Lösungen"*

Adressat: Vorklasse und 1./2. Schuljahr (Eingangsstufe)
Ziel: Die Schüler können in eigenen Alltagskonflikten entlastende und befreiende Hilfe finden.

Unterrichtsschritte/ Zeitbedarf	*Intentionen*	*Themen*	*Methoden, Aufgabenstellungen*	*Materialien/Medien/ Kontrollen*
1. Stunde: Klärung der Lernausgangslage	Die Schüler sollen zeichnend Streiterfahrungen artikulieren	Menschen streiten sich manchmal. Vom Streit unter Tieren	L.: Könnt ihr ein Bild dazu malen? Zusatzmaterial für Kinder, die ihr Bild fertig haben: Diese Kinder sehen sich an einem Extratisch das Bilderbuch an; am Schluß ließt die L. die Geschichte vor	Zeichenblock Wachsmalstifte *B. Wildsmith,* Die Eule und der Specht, 1971 *H. Baumann, G. Doerfler,* Igel haben Vorfahrt, 1970
2. Stunde: Problemerkenntnis	Die Schüler sollen an ausgewählten Schülerzeichnungen verschiedene Streitsituationen unterscheiden lernen. Alternative: Nachdenken über gerechten und ungerechten Streit	Verschiedene Streitsituationen	Einzelne Bilder – besprechen – einem Schema zuordnen kleiner Streit | ernster Streit Bilder | Bilder *Alternative:* Text vorlesen Streiten muß sein! | Nein, Nein! Bilder | Bilder Methodische Alternative: Die Schüler malen in der 1. Stunde kleine Bilder auf Folie;	Hafttafel Tafel Vgl. im Textteil „Streiten muß sein!" Tafel

			die Bildbetrachtungen und Zuordnungen der 2. Stunde können mit Hilfe des Overheadprojektors durchgeführt werden.	
	Klatsch- und Bewegungsspiele: Lieder (s. Anhang Nr. 6a). Auch: Der Kuckuck und der Esel . . .			
Erste Problemlösungen	Die Schüler sollen selbst Lösungen unterschiedlicher Streitsituationen skizzieren	Verschiedene Lösungen von Streit	– Rollenspiel: dreimal Streit und seine Lösungen – Malen der Lösungen	Arbeitsblatt Nr. 3 Bleistifte oder Wachsmalstifte
3. Stunde: Vertiefung der Problemerkenntnis und weitere Lösungen	Die Schüler sehen den Anfang eines Streitfalls; sie sollen Konfliktlösungen auf andere als verbale Weise vorschlagen	„Was soll ich tun?“ fragt der Kasper	L.: Ob Ihr wohl herausfindet, wie der Streit zu Ende gehen kann? Zuhören und Mitgehen Kurzes Gespräch Bilder malen Ergebnisse vgl. S. 75 f.	Puppenspiel: Kasper, Schlackerjann, Großmutter, Onkel Jockel Wachsmalstifte/Zeichenblock
4./5. Stunde:	Die Schüler sollen den Anlaß des dargestellten Streites herausfinden, Lösungsmöglichkeiten durchspielen sowie sich für eine der dargestellten Lösungen entscheiden und Gründe nennen	Nach einem Streit	– Gründe des Streites suchen im Gespräch – Der Streit kann doch nicht immer weitergehen: Rollenspiel mit Vorschlägen zur Beendigung – Lösungen der Rollenspiele im Bildblatt wiederfinden, evtl. Ergänzungen malen. – Gespräch über gute Lösungen	Wandbild oder Handbild Nr. 4 Karton mit den abgebildeten Spielsachen Tafel Schülerarbeitsblatt Nr. 5 Stift

Lieder zum Thema vgl. Anhang Nr. 6a
Film: Ein Platz an der Sonne, Kurzfilm – Drei Schülerarbeitsblätter im Anhang Nr. 6b

3.3 Inhaltlich konnte es sich bei dem dargestellten Unterrichtsentwurf selbstverständlich nur um ein erstes Beobachten und Durchschauen handeln; Weiterarbeit ist in doppelter Richtung nötig: gesellschaftlich im Sinne des gerechten Streites, des Sich-Einsetzens für andere und in Richtung auf das Thema: Frieden – Nichtfrieden. Im Sinne des Spirallehrplans[13] ging es darum, Anfänge des Lernprozesses (hier: verarbeiten eigener Streiterfahrungen) in sprachlicher wie methodischer Elementarisierung zu entwerfen und zu erproben. Ein Auszug aus dem „Rahmenlehrplan-Entwurf für den evangelischen Religionsunterricht in Niedersachsen" (Juli 1974) zeigt Möglichkeiten einer späteren Auffächerung:

Streit und seine Lösungen

Themen und Elemente	*Lernziele*
1. Balgerei und Ernstfall – „Kloppen" macht Spaß – Aus Spaß wird Ernst – Wer sich nicht wehrt, ist feige! – Soll man immer zurückschlagen? – Streit um Sachen	Den Menschen als Streitsüchtigen sehen; zwischen Balgerei und Ernstfall unterscheiden
2. Konflikte zwischen Spielkameraden, Geschwistern, Erwachsenen, Gruppen – Wie hat es eigentlich angefangen? – Wer hat Schuld? – Mit Worten streiten und ver- – letzen – Sieger und Besiegte – Eskalation von Streit	Streit als Möglichkeit akzeptieren, gegensetzliche Positionen zur Klärung zu bringen; Streit als ungute belastende Erfahrung empfinden Sich sinnvoll ohne Aggression zur Wehr setzen Die Entstehung von Streit erkennen
3. Gerechter Streit – Streit provozieren müssen – für andere streiten – für notwendige gesellschaft- – liche Veränderungen sorgen – Streit mit bitteren Folgen – evtl. Jesu Streit mit Pharisäern und die Folgen	Zwischen egoistischem und gerechtem Streit zu unterscheiden versuchen. Ansatzweise lernen, einem notwendigen Streit nicht auszuweichen; überlegen, wie man ihm standhalten könnte.

[13] *J.S. Bruner*, Der Prozeß der Erziehung, Berlin/Düsseldorf 1970. – *Chr. Reents*, Erziehung . . . , 1974, S. 106 - 109.

4. Wie Streit aufhören kann – Erwachsene greifen ein – Einer weicht aus – Der Klügere gibt nach – Die Streitenden suchen gemeinsam nach Lösungen – um der Sache willen sich durchsetzen	Gründe nennen, warum es schwer ist, sich wieder zu vertragen; Verschiedene Möglichkeiten zur Konfliktlösung entdecken und spielen
5. Sich vertragen ist mehr als mit Streiten aufhören – Einer muß den ersten Schritt tun, nachgeben – mit sich selbst Frieden finden – mit anderen Frieden machen – versuchen, für Frieden zu sorgen (Mt 5,9)	Sich vertragen als erleichternde Erfahrung beschreiben; das Gebot der Nächstenliebe und Sich-wieder-vertragen in Beziehung setzen; Situationen kennen, in denen man auf das Entgegenkommen des anderen angewiesen ist; Mitleid mit dem Unterlegenen empfinden und ausdrücken.

3.4 Methoden in der Eingangsstufe

Die Wahl der Arbeitsformen oder *Methoden* ist extrem wichtig, wo Schüler weder lesen, schreiben noch sich länger konzentrieren können. Deshalb muß Lernen wegen des ausgeprägten Neugierverhaltens und der Motorik dieses Alters abwechslungsreich und kurz in seinen Sequenzen sein; es muß Identifizierungsmöglichkeiten bieten sowie nichtverbale Arbeitsphasen und selbst geplante Spiele enthalten. Zunächst eine Übersicht über die Tätigkeiten der Kinder während der 5 (zum Teil verkürzten) Stunden:

	Akustisch	*Optisch*	*Motorisch*
1. Stunde	hören leise miteinander sprechen	Bild des Nachbarn ansehen	malen
2. Stunde	sprechen hören	Bilder der Klasse ansehen ausfüllen durch Malen	zuordnen
3. Stunde	hören sich unterhalten	einem Kasperlespiel zusehen	malen
4./5. Stunde	sich unterhalten sich absprechen	ein Bild ansehen zusehen Lösungen spielen	eine Notiz machen

Zwar wurde bei der Planung und Erprobung auf Methodenvariationen geachtet; doch fehlen auch wesentliche Kindertätigkeiten, z.B.

singen		drucken	tanzen
musizieren		bauen	laufen
klatschen		falten	musizieren
klopfen	nachahmen	kneten	(z.B. Orff)
		schneiden	klopfen
		kleben	tasten
		puzzeln	
	experimentieren		

Da die Methodenwahl für das Gelingen des Unterrichts ausschlaggebend sein kann, gilt es, die *methodische Phantasie* des Lehrers so zu schulen, daß wir unseren Schülern „abgucken", was sie gerne tun und dieses sachgerecht auf die Ziele des RU beziehen. Schließlich werden Inhalte nur in methodischer Artikulation vernehmbar; Methoden sind deshalb unausweichlich.

Anforderungen an Methoden (im Primarbereich)[14]

- Methoden und Materialien sollten in ihrer Struktur den Unterrichtsinhalten und -zielen entsprechen; sie dürfen nicht zufällig sein, sondern haben sachgerechte Anschauung zu vermitteln. Realität darf nicht verfälscht dargestellt werden.
- Methoden und Materialien müssen vielfältig und variabel sein, um verschiedene Denk- und Wahrnehmungsmöglichkeiten (kognitive, motorische, akustische, optische, soziale u.a.) beim Kinde anzusprechen, dadurch Chancengerechtigkeit zu fördern, der Stereotypenbildung zu wehren und durch immanente Wiederholungen neu gelernte, aber noch ungewohnte Denkformen zu festigen.
- Methoden und Materialien sollten auch in unterrichtsorganisatorischer Hinsicht variabel sein, um unterschiedlichen schulischen und unterrichtlichen Bedingungen zu genügen. Sie müssen unter alltäglichen Verhältnissen erprobt und bewährt sein.
- Methoden und Materialien sollten in didaktischer Hinsicht offen sein, um Problemerkenntnis und produktive Findigkeit im Rahmen eingegrenzter Problemstellungen zu unterstützen, ohne Problemlösungen zu antizipieren.

[14] Vgl. ähnlich *Chr. Reents* in: HBR 18, 1974, S. 181 f.

- Methoden und Materialien müssen die Selbsttätigkeit sowie den Drang zum Spielen der Schüler ansprechen, um eigenständige Orientierung zu fördern und die Bahnen des gewohnten Denkens zugunsten kreativer Phantasie aufzubrechen. Der Lehrer sollte zunehmend entbehrt werden können.
- Methoden und Materialien sollten soweit möglich Kooperation und Kommunikation der Schüler untereinander fördern (Gruppenarbeit, Partnerarbeit).
- Methoden sollen das Behalten, die Bildung intensiver Vorstellung fördern.
- Methoden sollten dazu beitragen, fremde und ferne Inhalte wie z.B. biblische Texte in die eigene Gegenwart zu holen, sie durchschaubar zu machen.

Abschließend noch, daß es mir in der Eingangsstufe vorrangig scheint, durch Erfinden geeigneter Arbeitsanweisungen Schüler zur Herstellung ihrer eigenen Unterrichtsmaterialien anzuregen; mit Fremdmaterial (wie z.B. mit Geschichten aus dem „Vorlesebuch Religion, Band 1 und 2") bin ich wegen zu geringer Abstraktionsfähigkeit der Schüler sparsam.

LITERATUR ZUM THEMA: STREIT

H. Baumann/G. Doerfler, Igel haben Vorfahrt. München 1970.

E. Bochinger [u.a.], Schalom. Religion 3/4. Lehrerhandbuch, Frankfurt 1973, S. 19 ff.

I. Brender/G. Stiller, Streitbuch für Kinder, Weinheim/Basel 1973.

K. Burk [u.a.], Exodus, 4. Schuljahr, München/Düsseldorf 1974, S. 67 ff.

H. Junker/F. Grenz, Streit und Versöhnung, Unterrichtsprojekt für die Primarstufe (2. Schuljahr), in: W.G. Esser (Hg.), zum RU morgen III, 1972, S. 196 - 203.

D.C. Kochan [u.a.], Sprache und Sprechen 3. Schuljahr, Hannover 1972, S. 32 f.

W. Longardt, Wenn wir uns gestritten haben. Katechetische Spielmappen für 4 - 7jährige. Lahr 1972.

Ders., Spielbuch Religion, Köln/Lahr 1974.

M. Schuh, Zuerst komm' ich, in: L. Volz, Lebensfragen im RU der Grundschule. Zürich 1971, S. 50 ff.

Spielen und Lernen, Hefte 1 und 6/1970.

T. Vinay, Riesi, in: Steinwede/Ruprecht (Hg.), Vorlesebuch Religion, Band 1, 1971, S. 281.

B. Wildsmith, Die Eule und der Specht. Zürich/Freiburg 1971.

U. Wölfel, Sechzehn Warum-Geschichten von den Menschen, 1971, S. 93 ff.

SECHSTES KAPITEL

Religion in der Grundstufe (3./4. Schuljahr)

Zum fachspezifischen Aspekt in der Grundstufe

Stärker als in der Eingangsstufe (1./2. Schj.) soll in der Grundstufe die Eigengesetzlichkeit einzelner Unterrichtsgebiete zum Tragen kommen[1]. Diese Empfehlung aus dem Jahre 1970 wird in neuen Richtlinien und Rahmenlehrplänen für den RU vielfach so ausgelegt, daß für die Eingangsstufe schwerpunktmäßig Grunderfahrungen thematisiert werden wie Freude, Streit und Versöhnung, Alleinsein, Ausgestoßen- und Angenommensein, Neid, Strafe usw., die in Schule, Familie, Spielgruppe und mit den Massenkommunikationsmitteln gemacht werden. Eine fachspezifische Abgrenzung zum sozialen Lernfeld des Sachunterrichts ist nicht Ziel, da zunächst eine allgemeine Lernbasis zu schaffen ist. Vom 3. Schj. an dominiert dann in vielen Plänen[2] ein traditionsgeleiteter RU, der fast ausschließlich unter dem Ziel der Information über biblische Inhalte steht, der sich vor allem im alttestamentlichen Teil noch nicht von dem chronologisierenden heilsgeschichtlichen Aufbauprinzip gelöst hat[3] und die Tradition zum Auswahlprinzip für die Behandlung allgemeiner Erfahrungen nimmt, also die alten Fehler der Aktualisierungen und Deduktionen[4] nur schwer vermeiden kann.

Ich halte eine planvolle Einführung in exemplarisch ausgewählte biblische Texte und Themen im 3. - 6. Schj. für wichtig, weil viele Schüler sich biblische Themen wünschen[5]; denn sie sprechen ihre

---

1 Empfehlungen zur Arbeit in der Grundschule. Beschluß der Ständigen Konferenz der Kultusminister der Länder in der BRD vom 2.7.1970. Buch- und Zeitungsdruckerei H. Köllen, Bonn.

2 *G. Hilger*, Zur gegenwärtigen Situation des Religionsunterrichts in der Grundschule im Spiegel neuerer Lehrpläne. In: G. Baudler, Religionsunterricht im Primarbereich, 1973, S. 193 - 218.

3 *Chr. Reents*, Erziehung . . . , Theoretische Grundlegung, 1973, S. 20 f.

4 *H. Halbfas*, Fundamentalkatechetik, 1968, S. 135 - 139. – *G. Hilger*, a.a.O., S. 207 ff. – *Chr. Reents*, a.a.O., S. 21.

5 *Chr. Reents*, a.a.O., S. 45 - 48. – Vgl. in diesem Band Kapitel 3.

Neugierde, ihr Interesse am Fernen und Fremden an. Allerdings gilt es, vorrangig an einer *Reform* des Bibelunterrichts[6] in der Grund- und Orientierungsstufe zu arbeiten,

- der sich nicht auf die reine Kenntnisvermittlung beschränkt, d.h. biblische „Stoffe" ausschließlich als Sache des Kopfes lehrt, sondern verhaltensstiftende Impulse biblischer Tradition betont;
- der nicht nur Tradition in Gegenwart zu übersetzen versucht, sondern ebenso entschlossen bei der Gegenwart des Schülers ansetzt und bei ihr bleiben kann, wenn es notwendig scheint;
- der Christliches nicht auf Vergangenheit einschränkt;
- der einen Beitrag zur Denk-, Sprach- und Urteilsfähigkeit zu leisten vermag;
- der entdeckende Arbeitsformen und soziales Verhalten in der Gruppe fördert und mit einer Vielfalt variabler Methoden seine Schüler anregt[8].

Kurz, wenn im 3. - 6. Schj. biblische Texte zunehmend unterrichtet werden, so mit der Zielsetzung, daß eine Erziehung zu sozialkritischem Engagement und kritischer Auslegung unter den Bedingungen gegenwärtiger Schüler und ihres Milieus versucht wird. Ich gebe deshalb im folgenden *drei Beispiele* für eine verschiedene Einbeziehung biblischer Beiträge.

- in einen thematischen Lehrgang, der zur kritischen Auslegung historischer Texte ansatzweise befähigen soll. Thema: *Exodus.*
- in einen problembezogenen RU, der das Thema *Angst* aufnimmt.
- in systematische-theologische Themen: nach *Gott* fragen, um eigene Sozialisationserfahrungen aufarbeiten zu können.

Die Themenwahl wurde wesentlich durch praktische Gesichtspunkte wie sinnvolle Erprobungsergebnisse in verschiedenen praktischen Situationen durch mehrere Lehrer, kein Überangebot zum Thema in Veröffentlichungen u.a. mitbestimmt.

---

6 vgl. Kapitel 4 in diesem Band.

8 vgl. Kapitel 5 in diesem Band, außerdem *Chr. Reents*, a.a.O., S. 29 - 31 u.ö., sowie HBR 18 mit vielen praktischen Beispielen.

MODELL I

Israels Exodus (ab 4. Schuljahr)

Eine Erziehung zum kritischen Denken im RU umfaßt Beobachten, Unterscheiden und Vergleichen verschiedener Positionen im Bereich des Sozialen und des Religiösen[10]. Heute ist christliches Denken und Handeln ja in Streit geraten mit latent oder offen atheistischer Überzeugung, auch mit einem diffusen Meinungsprovisorium, das sich oft wenig sachgerecht artikulieren kann. Schon Kindern fallen diese verschiedenen Positionen zum Teil auf. Da sie ihnen zunehmend begegnen werden, müssen sie lernen, unterschiedliche religiöse und ethische Positionen zu beobachten und zu vergleichen, zu achten und eigene Entscheidungen zu suchen.

Der Bibelunterricht kann dabei einen sachgerechten Beitrag leisten, da ein- und dasselbe Ereignis in biblischer Überlieferung Deutungen durch verschiedene Erzähler in je neuer Situation erfährt. Didaktisch gesehen gilt es, diese Deutungen voneinander zu trennen, die getrennten Erzählungen zu vergleichen und sich Widersprechendes aufzufinden. Außerdem ist biblische Deutung mit säkularer Erklärung in Beziehung zu setzen. In diesem Prozeß kann das Kind lernen, Aussagen des Deutens und des Beweisens zu unterscheiden, jede Denkform in sich zu verstehen und Beziehungslinien zwischen Gegenwart und Tradition zu entdecken.

Es ist also eine prinzipielle Trennung von Dokument und Deutung, von Geschichte und Kerygma, von Bericht und Auslegung im biblischen Unterricht zu fordern[11]. Didaktisch läßt sich diese Forderung realisieren, indem deutende Texte im Wechsel mit Geschichtserzählungen, mit Dokumenten, archäologischen und geographischen Realien unterrichtet werden. Um Schülern die Erkenntnis zu ermöglichen, daß biblische Texte deutenden Charakter haben, ist der RU – zumindest in bestimmten Lehrgängen – doppelgleisig zu planen.

---

[10] Zur theoretischen und praktischen Begründung: *Chr. Reents*, Erziehung zum kritisch-produktiven Denken im Religionsunterricht der Grund- und Orientierungsstufe. Theoretische Grundlegung. Gütersloh 1974. – *Dies.*, Kritisch-produktives Denken im Religionsunterricht. Modelle für die Klassen 3 - 6, HBR 18, Gütersloh 1974.

[11] *H. Stock*, Das Verhältnis der Christusbotschaft der synoptischen Evangelien zum historischen Jesus als Problem des biblischen Unterrichts in der Schule (1964). In: Beiträge zur Religionspädagogik, Gütersloh 1969, S. 121 - 134.

Die Zuordnung von Moseüberlieferungen bedarf der Begründung: diese Tradition erfuhr durch drei Erzähler theologische Deutungen; darüberhinaus ist der Vergleich nicht nur im Rahmen kerygmatischer Aussagen gegeben, sondern teilweise lassen sich über dasselbe Thema säkulare Aussagen historischer oder archäologischer Art machen. Inhaltlich läßt sich Israels Exodus als Beispiel für ein von der Bibel geprägtes Freiheitsbewußtsein – Befreiung interpretiert als Führung Gottes – im Unterricht reflektieren. Zudem sind Gründe vom Schüler her zu nennen: die angesprochenen Inhalte sprechen Neun- bis Zwölfjährige mit ihrem Interesse am Fernen und Fremden an; durch ihr sachkundlich orientiertes Neugierverhalten ist eine erste Motivation für den Unterricht gegeben. Ehe Schüler zur kritischen und allzu rasch destruktiven Arbeit am Neuen Testament kommen, sollten sie sich methodisch an einfacheren Texten schulen. Deshalb wurde die Exodustradition als eine exemplarische Ursprungssituation des Glaubens (und Unglaubens) gewählt.

Didaktischer Kommentar zur Exodustradition

(1) Zur literarischen Form

Bei den Moseüberlieferungen handelt es sich um *Sagenkreise* ganz verschiedener Herkunft: Befreiung aus Ägypten – Sinaibund – Mosegestalt – Landnahme, diese Traditionen sind vom Standpunkt des Historikers aus erst nachträglich zusammengewachsen. Eines haben alle Überlieferungen gemeinsam: sie erzählen im Rückblick vom Standpunkt des seßhaften freien Bauern aus von dem Erleben, das die Existenz im eigenen Lande unter Gottes Führung ermöglicht. Jahwe hat Israel aus der Sklaverei errettet – das ist Israels Grundbekenntnis; Einzelgeschichten sind als Ausweitung dieses Grundbekenntnisses zu verstehen (Dtn 26). Im Wesentlichen hat die Quellenkritik neben Einzeltraditionen drei fortlaufende Erzähler rekonstruiert; wir suchen sie in der Geschichte von der Rettung am Schilfmeer (Ex 13,17 - 14,31) auf:

(2) Die älteste Fassung

Bei der ältesten Einzeltradition handelt es sich nicht um eine fortlaufende Erzählung, sondern um ein kleines Lied:

„Singet dem Herrn,
denn hoch erhaben ist er.
Roß und Reiter warf er ins Meer.“ (Ex 15,21)

In diesem Liede fehlen exakte Tatsachenbeschreibungen. Von Anfang an handelt es sich also um eine Deutung: Gott, unser Retter und Befreier – wir haben nichts dazu getan, darum: Gotteslob – nicht Eigenlob – ist die Grundtendenz dieses Liedes. Das Mirjamlied gilt als sehr alt; vielleicht entstand es im Anschluß an das Ereignis (13. Jhdt. v. Chr.?).

(3) Der Jahwist als erster Erzähler

Die älteste fortlaufende Erzählquelle (J) stammt aus der Zeit der davidisch-salomonischen Aufklärung (ca. 950 v. Chr. oder später): Pharao hört, daß Israel geflohen ist; da wird sein Herz hart, er läßt die Flüchtlinge verfolgen. Israel sieht die Verfolger kommen; Angst breitet sich aus, sie klagen: Gab es denn für uns keine Gräber in Ägypten? Hast du uns nur weggeführt, daß wir in der Wüste sterben? – In diese Klagen hinein, gleichsam sie durchbrechend, trifft der Befehl des Mose: „Der Herr wird für euch streiten. Seid ihr nur stille.“ (Ex 14,14)
Im Sinne des Erzählers ist es der Befehl zum Glauben ohne sichtbare Realität. Theologisch mit Absicht wird erst dann vom Wunder erzählt: ein Ostwind, vom Herrn gesandt, legt „das Meer“ trocken, die Ägypter fliehen. „Ein Ostwind vom Herrn geschickt“ . . . (14,21) eine merkwürdige natürliche Erklärung der Rettung. Und doch ist sie nicht nur natürlich zu verstehen: das natürliche Ereignis trifft sich mit dem Handeln Gottes zur rechten Zeit.
Bei den späteren Erzählern findet sich eine zunehmende Überhöhung des Wunders:

(4) Elohist

„Die Wolkensäule tritt zwischen beide Heere und trennt sie.“ (14,19) – „Der Herr verwirrte das Heer der Ägypter.“ (14,24) – Er hemmte die Räder ihrer Wagen.“ (14,25)

(5) Priesterschrift (ca. 500 v. Chr.):

„Mose reckte die Hand aus" – „die Wasser spalten sich" – „Israel geht mitten im Meer durch eine trockene Gasse" – „Die Wasser stehen rechts und links wie eine Mauer." (14,15 - 18,22 - 23) Vermutlich versteht der Priester das Meer als Sinnbild des Todes (Ps 93,2 - 4; Jer 51,42; Jjob 38,16 f.); die Meerwasser zur Rechten und Linken bedeuten, daß Israel in Todesbedrohung durch Gottes Hilfe errettet wurde. Durch die Erfahrung des Untergangs des Südreiches hatten die Schreiber der Priesterquelle Todeserfahrungen, die sie vielleicht rückblickend auf den drohenden Untergang durch die Ägypter übertrugen. Wer betet: „Das Wasser geht mir bis an die Seele" (Ps 69,2) und „Ströme gingen über unsere Seele" (Ps 124,5), der wird „Wasser" als Bild für Not, Angst und Anfechtung verstehen. Die zunächst supranatural wirkende Ausdrucksweise des Priesters wird metaphorisch zu verstehen sein.

(6) *Zum heutigen Text: Ex 13 und 14*

Heute steht diese Fülle einzelner „Wunder" in einem einzigen biblischen Kapitel widersprüchlich nebeneinander. Das stört den Hörer in alter Zeit nicht. Er sieht das Gemeinsame: in der Rückschau dankt er für Gottes Befreiung, die die jetzige Existenz ermöglicht. Das Wunder Gottes wird immer mehr überhöht, während der Mensch fast tatenlos dabei steht. Eine Parallele ist die Umdeutung des Pharao: während der Jahwist vom aktiven Eingreifen der ägyptischen Macht spricht, heißt es in der Priesterschrift: Gott verstockte das Herz des Pharao (Ex 14,5. 8).

(7) *Andere Fassungen*

Andere Erzähler finden immer neue Beschreibungen:
„Gott schalt das Schilfmeer, da wurde es trocken." (Ps 106,9) – „Das Meer sah es und floh." (Ps 114,3) – „Beim Schnauben deines Zornes türmten die Wasser sich hoch, standen aufrecht wie ein Damm die Wogen." (Ex 15,8)
Diese drei Zitate sind Belege für deutendes Denken, das nicht Nachweisbares berichtet, sondern in einer Fülle von Variationen lobt und dankt: ein vielstimmiger Chor dankbarer Antwort.

(8) *Zum historischen Hintergrund*

Soweit zu den verschiedenen Ausformungen der alttestamentlichen Sage von der Rettung am Schilfmeer[12]. Es gehört zur Analyse einer Sage, nach in ihr enthaltenen realen Hintergründen zu fragen:
Aus Nachrichten von ägyptischen Grenzbeamten[13] wissen wir, daß nomadische Gruppen häufiger an der Ostgrenze des Reiches Einlaß suchten, wohl meist aus Nahrungsmangel. Denn wenn das Leben in der Steppe durch mangelnden Regen kaum noch erträglich war, suchten die Wanderhirten, die Halbnomaden, Einlaß im Nilland. Sie lebten dann als Leute minderen Rechtes – als Hebräer – im Nilland; so mag einer von Israels Ahnen nach Ägypten gekommen sein, so mögen sie dort als Fremdarbeiter – nicht Gastarbeiter – gelebt haben. Diese Gruppe von Israels Ahnen wird wohl im Konflikt mit der ägyptischen Macht geflohen sein (Ex 14,5). Sie kamen durch. Mehr ist nicht sicher: weder der Ort des Schilfmeeres noch der Vorgang der Rettung. Ägyptische Quellen kennen das Ereignis nicht. So ist auch kaum anzunehmen, daß ein Pharao beteiligt war. Auch das wird zur Überhöhung des Wunders durch die Sage gehören.

(9) *Zusammenfassung*

Der Befund ist deutlich: An einer alttestamentlichen Grundgeschichte – dem Bekenntnis zu Gottes Rettung – läßt sich eine breite Skala möglicher Deutungen ablesen. Da steht das säkulare Ergebnis des Historikers neben dem Loblied, das allein von Gottes Rettung singt, in dem menschliches Dazutun keine Rolle spielt. Da steht die fast natür-

---

12 Zuverlässige kurzgefaßte Darstellungen alttestamentlicher Forschungsergebnisse, die sich zur Unterrichtsvorbereitung eignen, finden sich in einem Schulbuch für die gymnasiale Oberstufe: *G. Schneider/W. Schulte*, Gott kommt. Einführung in das AT, Neukirchen 1966, S. 39 - 43. – Außerdem: *G. v. Rad*, Das formgeschichtliche Problem des Hexateuch (1938). In: Gesammelte Studien zum AT, 2. Aufl. München 1961, S. 9 - 86. – *Ders.*, Das erste Buch Mose. ATD Bd. 1 - 4, Göttingen 1953. – *M. Noth*, Überlieferungsgeschichte des Pentateuch (1948), 2. Aufl. Stuttgart 1960. – *Ders.*, Das zweite Buch Mose. (Exodus) ATD Bd. 5, 2. Aufl., 5 Göttingen, 1961. – *G. v. Rad*, Theologie des Alten Testaments Bd. I (1957). 5. Aufl. München1966. – *H. Schmidt*, Mose. Überlieferung und Geschichte. Berlin 1968.
Zum Historischen: *M. Noth*, Geschichte Israels. 4. Aufl. Göttingen 1959.

13 *H. Gressmann*, Altorientalische Texte zum Alten Testament, Berlin/Leipzig 1926, S. 97.

liche Schilderung des Wunders („ein Ostwind, vom Herrn geschickt") neben der fast supranatural scheinenden Aussage „die Wasser standen wie Mauern". Hinter allen Deutungen läßt sich eine gemeinsame Basis erkennen: die Vernichtung einer ägyptischen Streitwagengruppe als Rettung für Israel und das Bekenntnis zu Jahwe als dem Retter vor der Vernichtung[14].

(10) *Didaktische Folgerungen*

Eine Voraussetzung in der Grundschule scheint der Verzicht auf exakthistorische Differenzierung zu sein, d.h. Jahwist und Priester können nicht aus ihrer Zeit heraus verstanden werden. Vielmehr gilt es, ihre Positionen als typische miteinander zu vergleichen: das mehr supranatural wirkende Symbol („die Wasser standen wie Mauern", „Gott verstockte das Herz des Pharao"), die mehr pantheistische Deutung („ein Ostwind, vom Herrn gesandt", d.h. Gott wirkt in allem) und die Position des säkularen Zeitgenossen, der Gott aus dem Spiel läßt, wenn er auf Unerklärliches stößt: Flüchtlinge kamen durch, wie? wo? keiner weiß es.

Verschiedene Erzähler

Daraus ergibt sich für die *Methode,* daß verschiedene Erzähler[15] im Unterricht eingeführt werden müssen. Im Denken der Zehnjährigen ist es zunächst der *Forscher* (Reporter), der in Ägypten und in der Wüste war. Er kennt alles, was man dort bis heute beobachten kann: das Land Ägypten mit dem Nil, mit seiner Religion, mit den Pyramiden und dem Königskult; er hat dokumentierende Bilder und Landkarten, Fotos und Zeichnungen von wandernden Halbnomaden aus der Steppe und vom Leben der Fremdarbeiter in alter Zeit aus Ägyp-

---

14 In unserem grundschuldidaktischen Zusammenhang wurde auf sachkritische Reflexion der mit den Exodustexten verbundene Kriegstheologie (Jahwe, der für sein Volk streitet und dessen Feinde vernichtet) verzichtet. Als Kontrast und Entschränkung alttestamentlicher Theologie wäre Jesu Ethik (Feindesliebe) im Unterricht wichtig.

15 *H. Illies*, Die biblische Urgeschichte im Unterricht. 2. Aufl. Göttingen 1964. – Der Verfasser schlägt als Erzählerfiguren „Priester" (für Gen 1) und „Prophet" (für Gen 2) vor. Sie gewinnt dadurch die Möglichkeit, die ätiologische Sage – Gen 2 – als gleichnishafte Antwort erschließen zu lassen (S. 39). Da der Begriff „Prophet" im säkularen Sprachgebrauch mißverständlich ist (Wahrsager) und biblisch gesehen zuviel Geschichtskenntnis voraussetzt, erschien er mir in der Grundschule als unbrauchbar.

ten mitgebracht. Er weiß, warum man den Ort des Schilfmeeres nur noch schwer finden kann (Erdarbeiten beim Bau des Suezkanals); er zeigt im weiteren Fortgang des Lehrgangs Bilder vom Manna und Mannabaum, vom Wassermangel, Durst und Wasserreservoiren im Gestein. Er weiß die Plagen natürlich zu erklären, hat einen leuchtenden Dornbusch in der Wüste fotografiert und zeigt den Tell von Jericho. Kurz, er vertritt den säkularen Standpunkt und hält ihn durch, bis hin zur Landnahme, zur Jericho-Geschichte (Jos 6). Dieses sachkundliche Material kommt dem Schülerinteresse entgegen. Um rein verbalen Unterricht zu vermeiden, habe ich bisher die Berichte des Forschers nur sparsam in Erzählung umgesetzt. Ausgangspunkt waren oft Karte oder Bild; knappe Zwischenbemerkungen, meist als Widerspruch, trieben das Gespräch voran. In der Phase der Festigung wurden Arbeisbögen zur Wiederholung eingesetzt. Ein Einwand gegen die Einführung der Forscher-Figur liegt auf der Hand: sie ist an die Bibeltexte herangetragen und kommt nicht direkt in ihnen vor. Flüchtig betrachtet trifft dieser Einwand zu. Doch wie ist es bei genauerem Fragen? Ist dieser Typ des Denkens nicht bei jeder zeitgemäßen Auslegung mit im Spiel? Gehört säkulares Denken nicht zu den Bedingungen der historisch-kritischen Exegese? Dann aber ist die Forscher-Figur implizit im Thema enthalten (vgl. 1. Stunde und Abb. 17).

Der *zweite Erzähler*, der älteste Pentateucherzähler, ist weithin der, der natürliche Erklärungen und theologische Deutung noch erstaunlich einheitlich sieht: er erzählt vom Ostwind, den Gott zur Rettung schickte, von dem natürlichen Manna, das man nicht speichern kann und den Wachteln, den Zugvögeln, auf die man warten muß. Er sieht all' dieses natürliche Erleben als Zeichen für die Abhängigkeit des Menschen von Gott. Ihm ist ein Wunder etwas, das sich alle Tage ereignen kann, das aber vom Glaubenden wahrgenommen wird. Denn der Glaubende sieht und hört anders, auch wenn er Alltägliches sieht und hört. Im 4. Schj. haben wir diesen Erzähler den *Vater* genannt; der Vater erzählt seinen fragenden Kindern[16]. Diese Bezeichnung ist zwar theologisch nur halbrichtig und didaktisch zu autoritär, denn die Figur des Vaters erscheint Zehnjährigen (zum Teil noch) als selbstverständlich vertrauenswürdig. Seiner Erzählung

[16] *J.A. Soggin*, Kultätiologische Sagen und Katechese im Hexateuch, VT 10, 1960, S. 341 - 347: Zu Ex 12, 26f; 13, 14 ff; Dtn 6, 20ff; Jos 4, 6ff und 21 ff.

schließt er sich nur allzu gern an. Theologisch handelt es sich bei J um einen Sammler und Deuter aus der Zeit der salomonischen Aufklärung. Er lebt noch im natürlichen Lebenszusammenhang der bäuerlichen Welt. Seine Welt ist die der „Erfahrungsweisheit". Folglich wäre es vielleicht didaktisch und theologisch richtiger, ihn als den „Lehrer" oder den Ältesten im Hause oder auch nur als einen Israeliten einzuführen. In geübten Klassen genügt es auch, anzuschreiben: Ein Zweiter erzählt „. . ." Schüler können im Gespräch aus der Erzählung auf ihren Erzähler rückschließen. In diesem Falle wurden die verschiedenen Erzähler zunächst durch farbige Anführungszeichen unterschieden. – Wenn ich bisher zumeist vom Vater erzählt habe, orientierte ich mich an den Formen alttestamentlichen Überlieferns: bei der Gesetzesbelehrung heißt es: „Wenn dich dein Sohn fragt" (Dtn 6,20), und die Kinder fragen beim Passa nach dem Sinn des Feierns (Ex 12,26 ff und 13,14 ff).
Der *Dritte* erzählt in strenger Form, es ist der *Priester,* die Stimme, die alles Geschehen direkt auf Gott zurückführt: Gott verstockte das Herz des Pharao; auf seinen direkten Befehl hin spalten sich die Wasser und stehen rechts und links wie eine Mauer. Erhöht er das Wunder zum Lobe Gottes oder will er es bildhaft deuten?

Die Reihenfolge der Erzählungen

Im Unterricht sollte die *Reihenfolge* so gewählt sein, daß sich dem Kinde möglichst wenig Harmonisierungen anbieten. Ich habe deshalb gern den Erzähler vorangestellt, der am meisten Anlaß zum Fragen, zum Zweifeln und Überlegen gibt. Hier wäre es der Priester: „Gott machte das Herz hart . . . die Wasser standen wie eine Mauer . . .". Hier wird im 4. Schj. rasch der Widerspruch laut: „Das kann nicht sein!" oder: „Ist der Pharao denn für Gott wie eine Puppe; mit meinen Puppen kann ich machen, was ich will. Tut Gott das auch so mit den Menschen?" Andere deuten: „Gott wollte beweisen, daß er stärker war als der Pharao." – „Der Priester will, daß man sieht, welche Macht Gott hat." Allerdings scheint es zumeist nur wenigen Schülern zu gelingen, so zu formulieren. Bei Wundererzählungen kann es sinnvoll sein, durch Aussagen des Forschers einen krassen Gegensatz anzubieten. Es ist jedoch auch möglich, der priesterlichen Erzählung sofort die des „Vaters" folgen zu lassen. In beiden Fällen ist es wichtig, klare Ausgangspositionen zu schaffen, ohne das Denken auf bestimmte Ergebnisse zu lenken. Es läßt sich im Rückblick über die Tendenz berichten, in der sich das Gespräch meist vollzieht. Viele Kinder sehen im Denken des „Vaters" eine Lösung; denn hier spiegelt sich ihr eigenes Denken, das Gott in allem wiederfinden möchte. In der Erzählung des „Vaters" können die Einwände des „Forschers" Fragen wecken: „Eine Wolkensäule – eine Feuersäule, die hab' ich in der Wüste nicht gesehen." Kinder können dann gelegentlich den „Vater" verteidigen: „Er meint doch was ganz anderes; er sagt, es war so, als ob Gott immer zu sehen wäre", und sie fragen: „Warum hat der Vater sich das denn so ausgedacht?" oder auch „Das ist wie so'n Gleichnis" (4. Schj.)

Zur Funktion der Erzählungen

Warum sind die Erzählformen der Priester und des Vaters verschieden? Beziehungen zwischen den Darstellungen können sichtbar werden, manchmal sogar in dem Sinn, daß die Schüler als das Gemeinsame beider Erzähler das Lob, den Dank finden. Es ist optimal, wenn die Funktion jeder Deutung erkannt wird.

Zum Aufbau einer Unterrichtseinheit

Im folgenden geht es um einen Vorschlag zur Planung einer Unterrichtsreihe, der mit vielfachen Variationen in unterschiedlichen Klassen erprobt wurde. Die Einzelheiten (Teilziele, Reihenfolge der Unterrichtsschritte, Impulse, Arbeitsaufträge u.ä.) sind vor jeder neuen Erprobung wieder in den Blick zu nehmen. Deshalb wurden mehr Materialien zusammengestellt, als in einer einzigen Unterrichtsreihe verwendbar sind; es sollen Alternativen ermöglicht werden[17].
Richtziel: Die Schüler sollen Israels Exodus als Beispiel für ein von der Bibel geprägtes Freiheitsbewußtsein sowohl exegetisch (Befreiung in verschiedener theologischer Deutung) wie thematisch durchdenken.
Adressat: ab 3. Schuljahr
Zeitbedarf: 7 - 8 Unterrichtsstunden

---

[17] Alle Unterrichtsmaterialien finden sich in: *Chr. Reents,* Erziehung zum kritischen Denken im Religionsunterricht: 3.-6. Schuljahr. Düsseldorf/Frankfurt 1973, Schülerheft 2 und Lehrerheft. – Ergänzend zu Nr. 21 (Go down, Moses): *Louis Armstrong,* Louis and the Good Book, Coral, CPS 1408.

Stunde	*Teilziele*	*Aspekte, Aufgaben, Materialien*
1.	Die Schüler sollen einen Eindruck gewinnen vom Willen der Israelis, ihr Land zu halten. Die Frage soll aufbrechen: wie kommen die Israelis zu der Überzeugung, dies Land gehöre ihnen.	Die Israeliten feiern Passah. Ein Reporter fährt durch trockenes, heißes Steppenland und durch fruchtbares, bewässertes Land (Dias). Er nimmt Anhalter mit. Frage: Warum stehen an den Grenzen überall Soldaten, Waffen, Munition? Antwort: Seit etwa 50 Jahren erobern wir Israelis unser Land zurück; denn wir wissen aus der Bibel: Gott hat uns das Land geschenkt[18]. Erstellen eines Schaubildes (vgl. Abb. 17)
2.	Die Schüler sollen das Brauchtum des Passahfestes durch Nachvollziehen kennenlernen und die entsprechende biblische Geschichte zuordnen. Den Schülern soll der Unterschied der beiden zeitlichen Ebenen deutlich werden: was damals geschah hören sie; was heute gefeiert wird, können sie selbst tun.	Der Israeli lädt den Reporter zum Passah-Fest ein, damit er dort mehr zu seiner Frage erfahre. Er erlebt den Beginn des Passah-Festes mit den Vorbereitungen: die Festtafel wird gedeckt (Tisch, Tischtuch, siebenarmiger Leuchter, Schale mit Mazzen, Schale mit Salzwasser, grüne Kräuter. Die Geschichte zum Passah wird erzählt: Ex 12 und 13 in Auswahl. Die zum Ritus gehörenden Fragen des Jüngsten werden von Schülern vorgelesen (vgl. Anm. 16): Ex 12,26 ff; 13,14 ff vgl. außerdem Anhang Nr. 7
3.	Mit Hilfe vielfältiger Anregungen (z.B. Dias, historische Dokumente) die Notsituation Israels nachempfinden.	Das Leben der Israeliten vor dem ersten Passah-Fest. Die Situation einer unterdrückten Minderheit: Hebräer in Ägypten (Ex 1 ff).

[18] Wesentliche Anregungen zur 1./2. Stunde stammen von *H. Rieken,* Unterrichtsvorbereitung zum 12.9.1974 (Umdruck).

Stunde	*Teilziele*	*Aspekte, Aufgaben, Materialien*
4./5. 6.	Mit Hilfe elementarisierter Methoden kritischer Exegese geschichtliche Dokumente und theologische Interpretationen versuchsweise unterscheiden und vergleichen lernen. Verständnis für theologische Aussagen von Gottes Führung und Hilfe anbahnen.	Flucht, Rettung, Dank und ihre Deutung als Wunder Gottes (Ex 12 - 14) (Forscher, Vater/Priester) Berufung des Mose (Ex 3 - 6 in Auswahl) Israels Credo (Dtn 26)
7.	Erweiterte Problemerkenntnis: Glaubenshoffnung als Ermutigung zum Durchhalten, zum Ertragen von Enttäuschung sowie zum Engagement für Veränderungen. Transfer auf Situationen der Unfreiheit, Hilfe um Hoffnung und Mut nicht aufzugeben.	Sklaven singen: „Go down, Mose . . .“, die Macht von Glaubensliedern im Kampf der Unterdrückten um ihr Überleben (weitere Spirituals der Exodus- und Landnahmetradition). Sich neue Situationen für Spirituals vorstellen: Unfreiheit, Bedrohung. – Louis Armstrong, Mose and the Good Book, Coral, CPS 1408

Die Gestalt des Mose sollte nicht im biographischen Sinne im Zentrum stehen, da dies vom Befund der Quellen her didaktisch nicht vertretbar ist; es handelt sich um nachträgliche Deutungen der Sage. Vielmehr geht es um das Bekenntnis Israels zu dem Gott der Freiheit, der aus Knechtschaft rettet.

Es ist ratsam, außer diesen Grundtexten weitere Erzählungen aus dem Buch Exodus zu unterrichten. Die Wüstenwanderungsgeschichten (z.B. Ex 16) eignen sich, um religiöse Deutungen profaner Ereignisse zu erschließen (Wunder, die sich natürlich erklären lassen). Die Gottesbegegnung am Sinai (Ex 33) ist für ein Verständnis der Gottesfrage wichtig. Die Behandlung der Gebote wird im thematischen Zusammenhang (z.B. Gehorsam, Wahrheit u.ä.) vorgeschlagen[19].

[19] In Anlehnung an das von mir erarbeitete Thema Nr. 3 „Exodus“ im Niedersächsischen Rahmenlehrplanentwurf für den evangelischen RU, Umdruck Juli 1974. Neue didaktische Veröffentlichungen zum Thema „Exodus“:
Evangelische Religionslehre, in: Richtlinien und Lehrpläne für die Grundschule in Nordrhein-Westfalen, 1973, S. ER 46 - 53, 134 - 136. – *G. Grewel,* Mosegeschichten, HBR 9, Gütersloh 1971. – *G. Hilger,* Das Errettungswunder am Meer. – In: Erfahrung und Glaube, Hannover 1972, S. 142 - 155. – *P. Jansen* (Hg.), Orientierungen. Hannover 1974, S. 74 - 82. – *Chr. Reents,* a.a.O. (Anm. 17), und HBR 18.

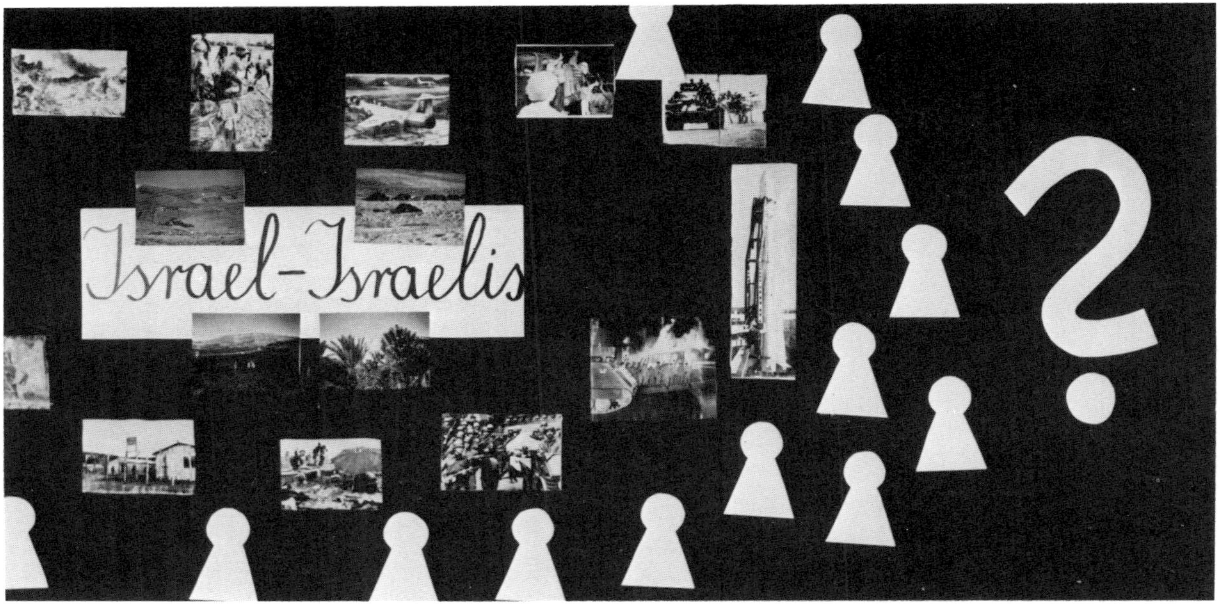

Abb. 17. Gemeinschaftsarbeit 3. Schj. Oldenburg-Krusenbusch 1974. Lehrerin: Heilke Rieken.
1. Stunde der Unterrichtseinheit: Israels Exodus

Ziel: Die Schüler sollen einen Eindruck gewinnen von dem Willen der Israelis, ihr Land zu verteidigen. Die Frage soll aufbrechen: wie kommen die Israelis zu der Überzeugung, dieses Land gehöre ihnen?
Material: Fotos vom Land bei Dürre und Regen, Zeitungsausschnitte vom Krieg zwischen Israel und Arabern durch Schüler gesammelt, Soldaten an den Grenzen des Landes.
Im weiteren Verlauf der Unterrichtseinheit wurde der Bildfries fortgesetzt: Israelis als Sklaven in Ägypten – Passa – Rettung aus Sklaverei – die Gestalt des Mose und seine Berufung.

MODELL II

Angst und Versuche ihrer Reduktion (ab.2. Schuljahr)

1. Zur Problemanalyse

Zu den durchgängigen Erfahrungen jedes Menschen gehört es, Angst zu haben. Ohne das komplexe Phänomen der zumeist zukunftsgerichteten Lebensangst gibt es wohl kein Menschsein.

1.1 Zur Definition

„Angst ist elementare, unangepaßte, affektive, nicht objektbezogene Reaktion, die, verbunden mit teilweisem oder totalem Kontrollverlust über die innere und äußere Realität, als ein die Existenz bedrohender, überwältigender und äußerst schmerzhafter Aggressionszustand empfunden wird“[20]. Sie äußert sich individuell (z.B. Depressionen) und kollektiv (z.B. Panik).
Seit S. Kierkegaard ist die in vielen Varianten vertretene Unterscheidung von Angst und Furcht üblich geworden. Danach bezieht sich Furcht stets auf etwas Bestimmbares; ihr Ursprung ist aufweisbar. Angst dagegen ist eine freischwebende, nicht greifbare Grundstimmung; sie hat kein Objekt. Da sich der Mensch jedoch ständig neue Objekte der Angst schaffen kann, sind Furcht und Angst zwar begrifflich zu unterscheiden, realiter jedoch kaum zu trennen. Deshalb geht der empirische Forschungsbericht zur Psychologie der Angst von *E.E. Levitt*[21] davon aus, „daß Angst ziemlich das Gleiche wie Furcht ist“ (S. 13). Da auch der alltägliche Sprachgebrauch keine ge-

---

[20] *K. v. Sury* (Hg.), Wörterbuch der Psychologie und ihrer Grenzgebiete 3. Aufl. Basel 1967, S. 21.
[21] *E.E. Levitt*, Psychologie der Angst (utb 138), Stuttgart 1971.

naue und konstante Unterscheidung von Angst und Furcht kennt, da zudem diese Unterscheidung didaktisch wenig relevant ist, verwende ich den Begriff in allgemeinem Sinne. Das Gegenteil von Angst läßt sich nicht in einem einzigen Begriff ausdrücken (Furchtlosigkeit, Liebe, Mut, Geborgenheit, Vertrauen, Freiwerden ...) – ein Zeichen für die Vielschichtigkeit des Grundphänomens Angst.

1.2 Ursprung und Ursachen[22]

Theorien zum Ursprung der Angst sind vielschichtig und nicht ohne Widersprüche: Macht der Mensch seine ersten Angsterfahrungen mit dem Verlassen aus der Geborgenheit des mütterlichen Uterus oder wenn Sexualerregungen gestört, aufgehalten, abgelenkt werden (beides *S. Freud*)? Ist Angst ein Sekundärtrieb, etwas Neuerworbenes, das auf politischen Druck, auf gesellschaftliche Einflüsse wie z.B. Reinlichkeitserziehung, soziale Anstandsregeln u.ä. zurückzuführen ist (Sozialpsychologen wie *E. Fromm*)? Kann Angst als erlernte Reaktion, als verallgemeinerte Erfahrung verstanden werden, die zumindest partiell auch wieder verlernbar ist? Oder ist alle Angst archetypisch als Todesangst definierbar (*C.G. Jung*), als das im Dasein gestaltgewordene Nichts (*M. Heidegger*)?

Soviel ist sicher: Angst darf nicht auf ihre private Dimension reduziert werden, denn Privates ist im Rahmen seiner soziopolitischen Bedingungen zu sehen: Angstmache in Politik und Werbung, Furcht, Schrecken und Strafe innerhalb despotisch-totalitärer Herrschaftsräume oder Angst vor Kündigung der Wohnung, vor Arbeitslosigkeit usw. Daß die Kirche mit der Rede vom allessehenden, zornigen Gott ihren Beitrag zur Angsterzeugung leistete, darf nicht verschwiegen werden[23].

Zusammenfassend *E.E. Levitt:* „Die Neigung zur Angst entsteht durch das Zusammenwirken einer natürlichen menschlichen Eigenschaft und der Notwendigkeit sozialer Anpassung. Über diese etwas

---

22 Vgl. zusammenfassend *G. Otto/H.J. Dörger/J. Lott*, Neues Handbuch des Religionsunterrichts, Hamburg 1972, S. 151 ff.
Als Themenheft „Radius" 20 (1975), Heft 2 [Juni]

23 *F.L. Neumann*, Angst und Politik, 1954 (Recht und Staat in Geschichte und Gegenwart, Heft 178/179). – *H. Wiesbrock* (Hg.), Die politische und gesellschaftliche Rolle der Angst, Frankfurt 1967. – *R. Bohren/N. Greinacher* (Hg.), Angst in der Kirche verstehen und überwinden, (Gesellschaft und Theologie) München/Mainz 1972.

unklare Feststellung ist die Verhaltensforschung kaum hinausgekommen"(S. 143). Da eine exaktere wissenschaftliche Analyse der Ursprünge von Angst zu fehlen scheint, möchte ich mich dieser vagen Umschreibung anschließen, zumal sie mit dem Zusammenwirken von Anlage und Umwelt monokausale Herleitungen ausschließt und die Komplexität von Angsterfahrungen und ihren vielfältigen Ursachen betont. Soweit sich ein Übermaß unnötiger Angsterzeugung auf Anpassungs- und Lernanforderungen zurückführen läßt, soweit sind Eltern und Erzieher gefragt, wieweit sich solche Blockierungen durch Angsterzeugung reduzieren lassen[24].

1.3 Wirkungen

Angst kann sowohl positive wie negative Auswirkungen zeigen; sie kann Menschen schützen und hemmen.
Als negativer Affekt kann sie sich sowohl körperlich – Angst macht krank – wie geistig auswirken: sie kann das Wahrnehmungsfeld einschränken, zur Abnahme der Urteilsfähigkeit und zu stereotypen Reaktionsmustern führen, volkstümlich: Angst macht dumm! Sie kann aggressives Verhalten fördern und realitätsgerechtes Verhalten blockieren.

1.4 Kindliche Angstäußerungen und Angstformen[25]

Angstäußerungen von Kindern sind vielfältig, nicht immer eindeutig, oft auch wechselnd; ihre Furchtobjekte sind wandelbar. Da diffuse Angst von Kindern vielfach erst sekundär an ein Objekt geheftet wird, lassen sich aus kindlichen Angaben nicht immer die wirklichen Ursachen von Ängsten ermitteln, ein Beleg für die Fraglichkeit der Unterscheidung von Angst und Furcht als objektbesetzter Angst in empirischer Sicht. Vielfach lassen sich nur die jeweiligen Angstauslöser, nicht jedoch die dahinterliegenden Ursachen eindeutig klären.

---

24 z.B. können angsterzeugend wirken: Triebeinschränkungen, elterliche Strafandrohungen, die Forderung, immer lieb zu sein, Angst vor den Anforderungen der Schule, Angst vor Tadel, Versagen, Blamage, Strenge und wohl nur gelegentlich noch religiöse Aussagen wie: „Der liebe Gott sieht alles".

25 *H. Zulliger*, Die Angst unserer Kinder. (Fischer-Bücherei 6098) 1969, S. 63. *M. und R. Dross*, Äußerungen über Angst in einem dritten und vierten Schuljahr, in: ru 1/1971, S. 106 - 126. – *L. Bohn*, Kinderzeichnungen im RU, in: entwurf 2/1974, S. 3 - 12. – *H.D. Osenberg*, Das Leben ist schön – Das Leben ist schrecklich (Stundenbücher 116) Hamburg 1974.

1.5 Zur Analyse unserer Bestandsaufnahmen

Ein lernpsychologischer Ansatz ermöglicht mit Vorbehalt eine direkte Erhebung kindlicher Angstgefühle und Angstäußerungen (*Dross*, S. 113). Aus 6 verschiedenen Klassen (ca. 210 Schüler, 2. - 6. Schj., 1971 - 1973) liegen mir Bestandsaufnahmen vor, die jeweils nach einem kurzen Vorgespräch mit dem Ziel der gemeinsamen Aufgabenfindung von den Schülern in Form einer offenen Aufgabenstellung frei notiert wurden (= ca. 30 Min.). Mehrfachnennungen waren selbstverständlich möglich; durchschnittlich nannte jeder Schüler 7 Themen bzw. Objekte seiner Angst/Furcht; die Beteiligung war gut. Folgende Rangreihe ergab sich:

		Nennungen
1.	*Angst vor (wilden) Tieren* Hund, Bulle, Löwe, Krokodil usw.	402
2.	*Angst vor Unglück* Katastrophe, Unfall, Feuer, Orkan, Verkehrsunfall, Krieg	276
3.	*Angst bei Alleinsein*	242
4.	*Angst vor Krankheit, Schmerz, Tod*	192
5.	*Angst vor Verbrechern*	95
6.	*Angst vor Eltern, Geschwistern* z.B. Ehestreit, großer Bruder	91
7.	*Angst in der Schule* Schularbeiten vergessen; etwas nicht wissen; nachsitzen; sitzenbleiben	84
8.	*Angst bei Gruselfilmen*	63
9.	*Angst in Träumen*	12
10.	*Angst auf der Toilette*	11
11.	*Angst vor mythischen Gestalten* Riesen, Knecht Ruprecht, Gespenster usw.	10
12.	*Keine Angst*	8

Kein Schüler stellte seine Angsterfahrungen in einen direkten Zusammenhang zu religiöser Thematik, zu Begriffen wie Glaube – Gott – Kirche.

Bei dem Zustandekommen dieser relativ zufälligen Rangreihe – die von der bei M. und R. *Dross* abweicht – aus nordwestdeutschen Schulklassen ist zu bedenken, daß Kinder vielfach zunächst ihre objektivierbaren Ängste artikulieren wie Angst vor (wilden) Tieren. Kinderbilder zum Thema „Angst haben" bestätigen dieses Ergebnis; allerdings ist zu bedenken, daß die Aufgabe bildlichen Darstellens

Abb. 18. 1. Schj. Obenstrohe. Der Junge hat Angst, weil die Mama so krank ist.

Abb. 19. 5. Schj. Ihlowerfehn

Abb. 20. Im Dunkeln allein. Aus: H. Bachmann u.a., Hell und Dunkel. Velber 1971, S. 5

nach Verobjektivierung verlangt. Meine Beobachtung wird bestätigt durch H. *Zulligers* Liste häufiger Kinderängste (S. 63), in der bei 96% der beobachteten Kinder und Jugendlichen Angst vor Tieren festgestellt wurde. Eine zweite Bestätigung: bei *Zulliger* nimmt die Angst vor Körperbeschädigung und Kastration den zweiten Rangplatz ein. Diese Angstformen lassen sich in der Regel nicht durch schulische Methoden wie Schülernotizen aufnehmen und Schülerzeichnungen erheben; nur 11 Schüler nannten „Angst auf der Toilette". Unsere Zusammenstellung hat also da klare Grenzen, wo ohne tiefenpsychologische Methoden kein sachgerechtes Ergebnis möglich ist, z.B. bei Ängsten, die letztlich aus verdrängter kindlicher Sexualität resultieren.
Ein weiterer Unterschied zu *Zulligers* Statistik:

Zulliger	Angst vor Gespenstern, Geistern, Einbrechern	91% = 3. Rangplatz
Grundschule (1971 - 1973)	Angst vor Verbrechern Angst vor Geistern . . .	95 Nennungen = 5. Rangplatz 10 Nennungen = 11. Rangplatz zusammen von ca. 50% der Kinder genannt

Läßt sich der Unterschied vielleicht so erklären, daß Kinder in der Zeit, als *Zulliger* sein Material sammelte, öfter und mehr Märchen und Gruselgeschichten hörten als heute? Oder läßt sich dieser Erklärungsversuch angesichts der Wirkungen von Fernsehfilmen doch nicht halten?
Weiter fällt auf, wie stark schon Kinder von Existenzangst betroffen sind: Angst vor Unglück, Unfall, Krankheit, Schmerz und Tod. Auch, wie sie das Alleinsein fürchten und sich damit nach Kommunikation sehnen.
Daß relativ wenig von der Angst vor Autoritäten in Elternhaus und Schule die Rede ist, ist meines Erachtens methodengebunden; es besteht zurecht eine natürliche Scheu, davon in der Schule zu schreiben oder zu malen. *Zulliger* nennt abweichende Ergebnisse: 82% der Kinder wissen bei ihm von Angst vor Autoritäten; bei *Dross* sind körperliche Strafen die erste Angstquelle für Kinder (S. 119 f).
Nach *Zulliger* (S. 14) lassen sich die multiformen kindlichen Angstäußerungen auf nur wenige Grundformen zurückführen: – Angst allein – Angst vor Trennung – Angst vor Strafe.

Diese drei Grundformen (vgl. auch Abb. 18 - 20) sollen auf eine einzige Ursache zurückzuführen sein: Angst vor Liebesentzug. Ich kann diese Hypothese zwar nicht überprüfen, halte sie jedoch der Tendenz nach beim Kinde für relativ wahrscheinlich.

1.6 Abwehrmaßnahmen gegen Angst

Zu den zahlreichen inneren Prozessen im menschlichen Körper, die sich zum Teil selbst, d.h. nicht immer bewußt, regulieren, gehören auch vielfältige Abwehrstrategien gegen Angst; sie sind eine Lebensnotwendigkeit. Ich zähle einige Mechanismen nach *Levitt* (S. 35 - 52) auf:

Vermeiden
angsterregender Reize oder Umstände, umgehen des Angst-Objektes.

Verleugnen
angsterregender Gedanken oder Gefühle. Vermeiden und Verleugnen werden gelegentlich kombiniert.

Verdrängen, Vergessen
als Abschieben vom Bewußten ins Unbewußte, geschieht vielfach in der Kindheit.

Projektion
als Übertragen von charakteristischen Zügen des eigenen Selbst auf andere, nach außen. Die eigenen Angstgefühle werden auf einen anderen übertragen.

Regression
als Rückfallen in eine schon überwundene kindliche Entwicklungsphase, z.B. bei Kindern durch die Geburt eines Geschwisterchens.

Fixierung
d.h. Verkümmerung eines bestimmten Aspektes der Persönlichkeit, ist kaum davon zu unterscheiden.

Somatisieren
d.h. Angst durch körperliche Leiden abwehren.

Bilden gegensätzlicher Reaktionen
der Ängstliche wird zum Held; d.h. vielfach „Flucht nach vorn", Mut zeigen anstelle von Angst, selbst Aggression entwickeln aus Furcht, angegriffen zu werden, sich zu Besonderem z.B. zum Tapfersein aufraffen.

Zwangshandlungen
z.B. Ordnung, Sauberkeit, Pünktlichkeit peinlichst einhalten als Verkehrungsmaßnahme gegen (unbewußte, verinnerlichte) Strafangst.

Neben sinnvollen Maßnahmen der Selbsterziehung dürfen die kleinen *Stabilisatoren des Alltags* nicht übersehen werden wie Singen oder Musikhören, Essen, Schlafen, sich aussprechen, sich ausarbeiten, sich

durch Gewohnheit abstumpfen, sich in Phantasien zurückziehen, Überaktivität entwickeln u.ä., im Kinderspiel z.B. Ersatzobjekte wie Teddy, Puppe für Geborgenheit suchen.
Die Erziehung sollte der fachkundigen Angstreduktion besondere Aufmerksamkeit widmen. Ziel ist das innere Gleichgewicht zwischen schützender und lähmender Angst, d.h. das Ziel der Stabilisierung läßt sich nicht durch Strenge und Strafen erreichen. Solche Maßnahmen können gravierende Nebenwirkungen zur Folge haben. „Angstkinder haben nicht Strafen nötig, sondern verstärkte Liebeszuwendung" (*Zulliger* S. 129). Vom christlichen Glauben, d.h. vom Liebesgebot her, ist diese Maxime grundsätzlich zu unterstützen.
Im Einzelfall ist zu bedenken, daß die Chance der Angstreduktion für Kinder von der Einsicht Erwachsener, vor allem wohl ihrer Eltern und Lehrer, abhängig ist. Sofern der Erzieher unnötige Angsterzeugung vermeidet, werden dem Kinde mehr Chancen der inneren Stabilisierung eingeräumt. Außerdem: wer als Lehrer der Angst seiner Schüler entgegenwirken will, muß bei sich selbst beginnen.
Auf dem Wege zunehmender Selbständigkeit gilt es, Kinder selbst zu befähigen, sich gegen ihre Angst ein wenig besser helfen zu können. Jeder Mensch, auch das Kind, verfügt über *Erfahrungen der Selbsttherapie*" (Dross, S. 114). Deshalb haben wir im zweiten Schritt unserer Bestandsaufnahmen zusammen mit den Schülern die Aufgabenstellung erarbeitet: „Wie können sich Menschen gegen ihre Angst wehren? " Diese offene Frage wurde wieder schriftlich bearbeitet. Dabei erhielt entweder jeder Schüler sein erstes Arbeitsblatt zurück oder alle Schüler erhielten die ausgewertete erste Bestandsaufnahme ihrer eigenen Klasse. In Entsprechung zu unserer ersten Rangreihe ergab sich im RU eines 4. Schuljahres im Februar 1973 folgendes Bild (24 Schüler, Tossens/Nordsee):

Wovor haben Menschen Angst?	*Wie können sich Menschen gegen ihre Angst wehren?*
23 ausgefüllte Fragebögen, 162 Nennungen, d.h. durchschnittlich 7 pro Schüler	5 nicht fertig geworden, bei den meisten blieb diese Spalte lange frei. 122 Vorschläge: wie man sich gegen Angst wehren kann. 40 Äußerungen: ich kann mich nicht wehren.

Wovor haben Menschen Angst?		*Wie können sich Menschen gegen ihre Angst wehren?*	
bei Dunkelheit, bei Schatten	8	zur Mutter gehen, Licht machen, Taschenlampe	7
ganz allein sein	4	nichts	4
einen bösen Traum haben	1	nicht träumen (1)	1
einen Schreck erleben	1	nichts (1)	1
etwas Fremdes erleben	1	es untersuchen (1), wegsehen (1)	2
– Krankheit, z.B. Operation	4	gesund leben (1) nichts (3)	4
– Tod, Sterben	8	nichts (7), schlafen (1)	8
– vor dem Heim und vor Gericht	1	mich damit befreunden (1)	1
in der Familie			
bestraft werden (z.B. Backpfeife)	1	Mutter helfen, aufräumen (1)	
im Bett liegen	1	nichts (1)	4
etwas Schlimmes gemacht haben	2	es ehrlich sagen, wieder gutmachen (2)	
in der Schule			
Schularbeiten vergessen	2	nichts (1)	
schlechte Zensuren	2	besser lernen, sich anstrengen	4
sitzenbleiben	2	ordentlich pauken (3)	
etwas nicht wissen	2	–	
nachsitzen	1	–	
viele Schularbeiten	1	–	
Verbrechen			
– ermordet werden	14	nichts (6), Polizei verständigen (5), Waffe haben (2)	
– entführt werden	2	sich verstecken (2) } alle Verbre-	
– Diebstahl, Einbruch	6	abschließen (2) } chen ab-	
		um Hilfe rufen (3) } schaffen (2)	22
– wenn man selbst etwas gestohlen hat vor der Polizei	3	sich bei der Polizei melden, nicht stehlen, Wahrheit sagen	3
– böser Mann, z.B. fremd, betrunken	6	wegrennen (1), um Hilfe schreien (2) nichts (1)	4
– Leiche (im Freien z.B. sehen)	4	weggehen (1) Polizei rufen (2), nichts (1)	4
Katastrophen			
– Unfall (auf der Straße sterben z.B.)	10	aufpassen (3), Polizei (4) nichts (4)	11
– Sturm	6	nichts	6
– Sturmflut, Überschwemmung	3	nichts	3
– Feuer	6	löschen, Feuerwehr, vorsichtig sein, feuersicherer Anzug	6
– Steinschlag, Lawine	2	nicht hingegen	2
– Erdbeben	3	nichts	3

Wovor haben Menschen Angst?		*Wie können sich Menschen gegen ihre Angst wehren?*	
– tiefe Schlucht	1	nicht hingehen	1
– Krieg, Bomben	5	nichts (4), in den Keller gehen (1)	5
Natur/Tiere			
– Hund (wenn wild)	20	nichts (2), zahm machen (1) weg-	
Haie, Schlange, Tiger,		rennen (13), nicht hingehen (2),	
Bulle, Pferd	6	ihn treten (1) nichts (6)	22
– Wasser (z.B. Meer, Sieltief,		überhaupt nicht baden (2),	
ertrinken)	17	schwimmen lernen (6), vorsichtig sein, Ruhe bewahren (4), nichts (5)	17
– Gewitter	3	zuhause bleiben (1), nichts (2)	3
– Moor	1	nicht reingehen	1

Zur Aufgabenstellung
In der 1. Stunde der Unterrichtseinheit schrieb die Lehrperson mit zittriger Schrift „Angst" an die Tafel als Impuls und bat, jeder möge eben allein still nachdenken, was ihm dazu einfällt. Nach ca. 2 Minuten wurde ein Arbeitsblatt verteilt: zwei Spalten waren parallel zueinander auszufüllen. Beim Arbeiten an der rechten Spalte ergab sich Ratlosigkeit: 40 von 122 = 32,7% lauteten sinngemäß: gegen seine Angst kann man sich nicht wehren. In anderen Klassen bestätigte sich das Ergebnis bei der Bestandsaufnahme. Ich habe hierfür gern die Form schriftlicher Einzelarbeit gewählt, da die Malaufgabe zu Beginn vielfach zu Gespenster- und Monsterbildern führte. Das lockte als Bildthema, ergab jedoch kaum einen Ausgangspunkt für das Unterrichtsgespräch.

1.7 Angst als Thema des Religionsunterrichts[26]

Zum Thema „Angst" kenne ich 22 Unterrichtsentwürfe für Kinder zwischen fünf und zwölf Jahren: ein Teil der Verfasser versucht dabei eine problembezogene Intergration biblischer Texte. Ich gebe die Zielsetzung zu den 6 meistgewählten Texten wieder:

Intentionen	*Text*	*Quelle (siehe Seite 132)*
1. „Gottvertrauen als eine Möglichkeit der Angstbewältigung verstehen."	David hatte keine Angst (1 Sam 17)	*H.J. Fischer,* in: Evang. Erzieher 10/1972
2. „An Beispielen feststellen, daß Menschen durch Hoffnung auf Gott aussichtslose negative Erlebnisse ertragen können."	Elija (1 Kön 17 und 19)	*D. Strecker,* in: Entwurf 2/1971

[26] *H. Grosch*, Religionspädagogik am Scheideweg, Gütersloh 1974, S. 130 - 145.

Intentionen	*Text*	*Quelle*
3. Überwindung von Angst im Glauben am Beispiel von Ps 23 [22]	Der Herr ist mein Hirte . . . (Ps 23 [22])	*G. Bergmann* 1971; Religion: *Bilder und Wörter* 3/4, 1974 *Volk/Hugo/Umbach,* in: Evang. Erzieher 10/1972
4. Am Beispiel . . . sollen die Schüler lernen, wie eine bestimmte Gruppe von Menschen in einer bestimmten Situation von Existenzangst bedroht und befreit wird.	Jesus im Sturm bei seinen ängstlichen Jüngern (Mk 4,35 - 41; im Vergleich zu Mt 8, 23 - 27)	*W. Longardt,* 1972; *G. Bergmann,* 1971; *E. Bochinger,* 1968; *W.G. Esser,* III, S. 972; *Aus der Praxis - für die Praxis* 3/1973
5.	Die Todesangst Jesu (Mt 26,36 ff; Mk 14,26 - 42)	*W.G. Esser,* III, 1972; Arbeitsbuch Religion 1/2
6. „Erkennen, daß Menschen durch die Verbindung mit Gott selbst in ausweglose Situation geborgen und getröstet sein können.“	Paulus und Silas im Gefängnis (Apg 16, 11 - 25)	*Volk/Hugo/Umbach,* in: Evang. Erzieher 10/1972

Theologisch fällt auf, daß Angst oder Glaube bei einem Teil der Entwürfe in einem Ausschließlichkeitsverhältnis verstanden werden. Sicherlich ist es nicht sachgerecht, wollte man dem angstgequälten Menschen einzig medizinischen Rat gewähren; ebensowenig realitätsgerecht ist es, Geborgenheit in Gott als die einzige Hilfe zu empfehlen. Angst und Nichtangst, Angst und medizinische Heilung, Angst und Glaube stehen nicht in einem Ausschließlichkeitsverhältnis[27]. Trotz medizinischer Intaktheit kann ein Mensch in Angst leben, und auch der Glaubende, auch der Christ ist nicht frei von Furcht und Angst, nicht frei von Neurosen. Auch er muß lernen, seine Angst zu ertragen. Die Bezüge zwischen Angst und Glauben sind vielschichtig, d.h. schwerlich auf wenige Texte reduzierbar. Diese Erfahrung spiegelt sich wohl am deutlichsten in Psalmen des Alten Testaments. In und trotz ihrer Angst wenden sich viele Psalmenbeter an Gott; sie sprechen ihre Not offen aus in der Hoffnung, trotz allem Zuversicht zu finden bei dem, „der Lasten auf uns legt, doch uns mit unseren

[27] *J. Scharfenberg*, Das Problem der Angst im Grenzgebiet von Theologie und Psychologie, in: Wege zum Menschen 20/1968, S. 314 ff.

Lasten trägt" (EKG 183,2 in Anlehnung an Ps 68, 20). Aus Hoffnung Angst ertragen zu lernen und selbst einen schweren Weg weiterzugehen, das ist eine Erfahrung vieler Psalmenbeter und derer, die sie durch die Jahrhunderte mitsprachen. Diese Beter wissen wohl, daß ihre Angst nicht von ihnen genommen ist, sondern daß sie mit ihr leben müssen. Denn die Existenzangst des Menschen gründet, theologisch betrachtet, in seiner Endlichkeit[28]; diese ist unausweichlich. Sie ist seine ständige Begleiterin und muß in den „Mut zum Sein" hineingenommen werden. Theologisch gesehen gehört Angst zum Menschsein, sie ist ein normaler Zustand. Hilfen, ihr zu begegnen, sind in doppelter Richtung zu suchen:

Das *Wissen um einen, der hört,* ist eine Hilfsmöglichkeit. Man versucht dann nicht mehr, seiner existentiellen Angst auszuweichen, sich ihr durch Verschlossensein, Schweigen oder Verdrängen zu entziehen, sondern sie durch Mitteilung zwischenmenschlicher Art und im Gebet auszuhalten, durchzustehen. *J. Scharfenberg* findet diese Sicht schon bei *S. Kierkegaard:* „Das Dämonische ist die Unfreiheit, die sich abschließen will . . . Das Verschlossene ist eben das Stumme; die Sprache, das Wort ist eben das Erlösende, das von der leeren Abstraktion des Verschlossenen Erlösende . . . Das einzige, was die Verschlossenheit zwingen kann zu sprechen, ist das Gute, das absolut schweigen kann" (S. 324).

Das *Wissen um Chancen der Liebe* ist die andere Richtung therapeutischer Hilfe; denn „Furcht ist nicht in der Liebe" (1 Joh 4, 18). Allerdings kann auch dieser Satz nicht in dem Sinne gelten, daß Angst und Liebe in einem Ausschließlichkeitsverhältnis stehen[29].

---

[28] *P. Tillich*, Systematische Theologie I, 3. Aufl. Stuttgart 1956. – *Ders.*, Mut zum Sein, Ges. Werke XI, Stuttgart 1969, bes. S. 64 mit dem Versuch, aus der Unterscheidung von pathologischer und existentieller Angst die spezifisch theologische Aufgabe abzuleiten. Da anthropologische Fragestellungen Gegenstand mehrerer Fachbereiche und ihrer Kooperation sind, läßt es sich, bezogen auf den konkreten Unterrichtsentwurf, nur sehr schwer ausmachen, wo spezifisch theologische Arbeit gefragt ist. Didaktisch kommt ein zweites Argument hinzu: der Therapeut und der Religionslehrer haben verschiedene Aufgaben. Zwar überschneiden sich diese partiell, dürfen jedoch nicht vermischt oder gar verwechselt werden. Während sich der Therapeut individuell dem einzelnen, vor allem dem Grenzfall mit seinen neurotischen Symptomen widmen kann, trägt der Lehrer Verantwortung für eine Schülergruppe.

[29] Eine Auseinandersetzung mit *O. Pfister* (Das Christentum und die Angst, Zürich 1944) führt hier zu weit.

Denn Angst ist nicht monokausal auf Liebesstörungen zurückzuführen. Vielmehr ist die Gemeinschaft der Liebe eine Chance, Angst durchzustehen, denn Liebe ist langmütig, nicht reizbar, gibt niemanden auf, sondern vertraut (1 Kor 13).
Folglich ist es theologisch wie didaktisch nicht vertretbar, „Vertrauen auf Gott als Angst überwindende Kraft im Leben der Kinder“[30] durch kirchliche Katechese oder RU vermitteln zu wollen. Didaktisch gesehen fällt bei der Analyse der 6 Textbeispiele auf, daß sie der Tendenz nach vielfach als moralische Exempel verstanden werden. Obwohl ich dieses prinzipiell für möglich halte, ergibt sich doch die Frage, ob „der mutige David“, „der ruhige Jesus“ oder „die singenden Glaubenszeugen im Kerker“ Beispiele sind, an denen Grundschüler Hilfen für ihre eigene Angst ablesen können. Bringen sie diese wirklich mit ihrem Leben in Verbindung? Da ich mehrfach im gleichen Sinne unterrichtet habe, kommen mir zunehmend Zweifel, freilich ohne überzeugende Lösungen bereit zu haben.

1.8 Zusammenfassung

H. Zulliger faßt das Ziel seiner therapeutischen Bemühungen so zusammen: „Wir wollen eine möglichst angstfreie Generation heranbilden und dem Leben übergeben! – Wir wollen alles tun, um glückliche, frohmütige, von Ängsten unbeschwerte Kinder zu haben; denn aus ihnen werden glückliche Erwachsene“ (S. 137)[31].
Ich möchte die Zielsetzung des angstfreien Verhaltens infrage stellen, da diese ein ambivalentes Phänomen mit seinen fördernden und seinen hemmenden, seinen schützenden und seinen zerstörerischen Kräften reduziert auf seine negativen Komponenten. Angst ist nicht nur ein zu beseitigendes neurotisches Symptom. Ich möchte Angst *einerseits* als lebensnotwendiges Korrektiv der Harmlosigkeit, der Hemmungslosigkeit, als schützendes Warnsignal bei Gefahr beschreiben und *andererseits* als Einschränkung, als Hemmung, als Blockierung, als Grunderfahrung eines „beschädigten Lebens“. Die Alter-

---

30 Themenplan für den Kindergottesdienst, hg. vom Gesamtverband für Kindergottesdienst in der EKD, 1974, S. 36.

31 *Zulliger* äußert sich auf S. 17 anders: „Wir verdanken der Realangst unzählige Erfindungen und Entdeckungen. Darum darf man sagen, daß die Angst nicht ausschließlich negative Wirkungen mit sich brachte und bringt – sie kann auch nützlich sein . . . “

native Angst oder Nichtangst erscheint mir dagegen nicht verifizierbar, da der Mensch die Angst nicht aus seinem Leben eliminieren darf und kann (Todesangst). Es geht vielmehr darum, der Angst nicht total ausgeliefert, nicht preisgegeben zu sein, d.h. es geht um Versuche der Angstreduktion, nicht um Angstfreiheit.

2. Zum Aufbau einer Unterrichtseinheit

Adressat: 3./4. Schuljahr (in Teilen ab 2. Schuljahr)

Zeitbedarf: ca. 8 Stunden

Richtziel: Die Schüler sollen befähigt werden,
- Angst als Grundphänomen menschlichen Lebens soweit möglich rational zu erschließen,
- verschiedene Funktionen von Angst zu unterscheiden,
- Abwehrmaßnahmen gegen Angst zu finden und miteinander zu vergleichen,
- anderen in ihrer Angst zu helfen.

Zur Begründung: Ich beschränke mich auf eine fachspezifische Begründung: Der Beitrag des Christlichen besteht
- im nüchternen Anerkennen und Artikulieren von Angstsituationen,
- in Hilfen zur Angstreduktion,
- im Bewußtmachen, daß der christliche Glaube von seinem biblischen Ursprung her zur Überwindung von Angst helfen will.

Der christliche Beitrag bezieht sich folglich auf das Ganze der Unterrichtseinheit; wenn darin auch biblische Texte zur Sprache gebracht werden, so um die Begründung des Gesamten auszusprechen und bewußtzumachen.

Teileinheiten:
1. Bestandsaufnahme
2. Verschiedene Formen von Angst
3. Mögliche Ursachen von Angst
4. Eine Fallanalyse „Angst allein"
5. Biblische Beispiele
6. Synthese

Um Kinder nicht nur mit Defiziten und Mißständen zu konfrontieren, sondern sie zur Reflexion über ermutigende Erfahrungen anzuleiten, sollte nicht in einem zeitlichen Nacheinander von Angst und Geborgenheit gesprochen werden, sondern in Parallelordnung, also vergleichend. D.h. die Ambivalenz: Angst – Angstreduktion soll in jedem Arbeitsschritt durchgehalten werden.

<table>
<tr><th>Stunde</th><th>Teilziele</th><th>Aspekte/Aufgaben/Materialien</th></tr>
<tr><td>1.</td><td>1. Bestandsaufnahme
Sich der eigenen Angst bewußt werden und Möglichkeiten der Angstbewältigung finden.

Angstgefühle anderer entdecken, die gleiche Situation feststellen; herausfinden, daß keiner mit seiner Angst allein dasteht, denn alle haben Angst.

Formen der Angstbewältigung von anderen übernehmen, sie vergleichen, ihre Begrenztheit sehen.</td><td>1. Bestandsaufnahme/Auswertung
1.1 Arbeitsbogen (Einzelarbeit)
<table><tr><td>Wann hast du Angst?</td><td>Wie kannst du dich gegen Angst wehren?</td></tr><tr><td>______________
______________</td><td>______________
______________</td></tr></table>Zur Auswertung vgl. die Problemanalyse in diesem Kapitel.
Je nach Situation kann derselbe Arbeitsbogen Eltern vorgelegt werden.
1.2 Alternative
Tafelimpuls (in zittriger Schrift) „Angst“
Aufgabe: Kannst du ein Bild dazu malen?
1.3 Ergänzende Bildbetrachtung: Ein Kind in Angst
Bildvorschläge:
– Schülerzeichnung in diesem Kapitel, Abb. 18 - 20
– Ein Kind abends im Bett (in: Hell und Dunkel, hg. H. Bachmann [u.a.], Velbert 1971, S. 5)
– Ein koreanisches Kind (in: H. Grosch, Religion in der Grundschule, Abb. 1)
– Edvard Munch, Der Schrei (Holzschnitt; als farbige Kunstkarte erhältlich bei ART-Hilscher, München 40, Keuslinstr. 1)</td></tr>
</table>

<table>
<tr>
<td>2.</td>
<td>2. Verschiedene Formen der Angst zu unterscheiden versuchen:

– Angst, die als Warnsignal schützend wirkt;
– Angst, der es standzuhalten gilt;
– Angst, die überwunden werden kann.

Anderes Schema:
lebenswichtige Angst/lebenswidrige Angst</td>
<td>2. Auswertung der Bestandsaufnahme
Schilder mit Formen der Angst, die von den Schülern in der 1. Stunde notiert wurden; oder Schülerzeichnungen werden einem Tafelschema zugeordnet. Die Aufgabenstellung sollte in Form von Überschriften im Unterrichtsgespräch entwickelt werden. Vorschlag:
<table>
<tr><td></td><td></td><td></td></tr>
<tr><td></td><td>(Hafttafel/Tafel)</td><td></td></tr>
</table>
</td>
</tr>
<tr>
<td>3./4.</td>
<td>3. Die Schüler sollen mögliche optische und akustische Ursachen von Angst rational erfassen:
– Beleuchtung kann Angstgefühle wecken
– Geräusche können Angst erzeugen
– selbst versuchen, Stimmungen wie Furcht und Angst, Glück und Freude zu erzeugen.</td>
<td>3. Was macht Angst?
– Farben
H. Bachmann [u.a.], Hell und Dunkel, Velber 1971 (in Auswahl)
– Formen
ein Illustriertengesicht durch Filzstift so verändern, daß es Angst macht.
– akustische Eindrücke
entsprechende Filmmusik aufnehmen, ohne Bild zu Gehör bringen, auf den Inhalt schließen lassen.
– passives Betrachten und Hören sollte sich mit aktivem Gestalten abwechseln: selbst ein Bild malen, das Angstgefühle erzeugt; selbst entsprechende Geräusche machen und aufnehmen.</td>
</tr>
</table>

Stunde	*Teilziele*	*Aspekte/Aufgaben/Materialien*
		– Gedichtvergleich: Was uns Angst macht/Was uns Angst nimmt in: Max Bollinger, Die Stadt der Kinder, 1969, abgedruckt in: Vorlesebuch Religion 1, 1971, S. 51 – Frank Hauser, Wozu? Material-Nr. 8
5. (evtl. 6.)	4. Die Schüler sollen ihre Erfahrung, daß man sich in Einsamkeit besonders schwer gegen Angst wehren kann, in der Geschichte wiederfinden. Sie sollen das Verhalten der Eltern beurteilen sowie dem Jungen Ratschläge zur Angstreduktion geben.	4. *Eine Fallanalyse: Angst allein* *U. Wölfel,* Der Nachtvogel. In: Die grauen und grünen Felder, 1970, S. 21 - 23. Abgedruckt in: Vorlesebuch Religion 2, 1973, S. 25 - 27 Aufgaben zur Auswahl: – Schülerzeichnungen zum Gang der Geschichte anfertigen und dabei auf die Wahl angstmachender Farben achten anhand des in der 3./4. Stde. Gelernten. Vgl. die Abbildungen 21 und 22 – Schülerzeichnungen in der Abfolge der Geschichte ordnen und dabei das Problem im Gespräch durchdenken: was ist der Nachtvogel für den Jungen, für den Vater? (Arbeitsbogen Nr. 9) – Arbeitsbogen Nr. 10 in Partner- oder Kleingruppenarbeit – Schreibe einen Brief an den Jungen und gib ihm einen Rat, was er gegen seine Angst tun kann.
6./7.	5. Christlichen Aussagen die Möglichkeit der Hilfe und Geborgenheit entnehmen. Neue Wege der Angstreduktion durchdenken, Angstsituationen ertragen lernen. Anderen helfen, ihre Angst zu reduzieren.	Zur Auswahl: 5. *Von der Angst und ihrer Überwindung - biblische Beispiele* Beten in Verzweiflung: Ps. 93, 3 f; Ps. 22; Ps. 23; Ps. 139 (jew. in Ausw.) Symbolworte für Angst und für Vertrauen gegenüberstellen: Finsternis — Fels Dunkel — Burg Gefängnis — Schutz Wasserfluten — Schild

		Manche Menschen können in Verzweiflung nicht (mehr) beten. und/oder: *D. Bonhoeffer,* Als Gefangener Silvester 1944 (Von guten Mächten) und/oder: Die Angst der ersten Christen bei Verfolgungen (Rahmenerzählung) – Einer erzählt von Jesus. Er will den anderen in ihrer Angst helfen (Mk 4,35 - 41) Vergleich mit *U. Wölfel:* Der Nachtvogel (s.o. 5. Stunde) Arbeitsblatt Nr. 11
	Vertrauen innerhalb von Gemeinschaft als Hilfe zur Angstreduktion erfahren	Angstüberwindung durch Kommunikation: Liebe kann Angst überwinden. Spruchband: „Die Liebe ist geduldig und gütig. Sie gibt niemanden auf. Sie vertraut und hofft.“ (1 Kor 13, in Auswahl) oder: „Furcht ist nicht in der Liebe, Liebe vertreibt die Furcht.“ (1 Joh 4,18)
8.	6. Vorschläge entwickeln, die zur Reduktion von Angst beitragen können.	6. Teileinheit: Was geändert werden könnte, damit Kinder weniger Angst haben: – Relativierung von Leistungszwang – mehr Verständnis, Selbstvertrauen stärken – mehr Zuwendung, Liebe – weniger strenges Reglement – zufriedenes Einschlafen ohne grausige Filme
	Oder als Alternative: Eine Zusammenfassung des bisher Erarbeiteten erstellen.	Ausstellung oder Plakate. Dazu vgl. Abb. 23 - 27. Gegebenenfalls zur Vorbereitung eines Elternabends, um die erarbeiteten Vorschläge zur Diskussion zu stellen.

Thema *Angst*

Arbeitsergebnisse aus einem 3. Schuljahr in Oldenburg 1973
Lehrerin: Meike Friedrichs

Abb. 21

Abb. 22

Die Bilder stehen unter dem Thema: Der Junge fürchtet sich vor dem Nachtvogel. Den Bildinhalten liegt die Erzählung zugrunde: *U. Wölfel,* Der Nachtvogel, in: Die grauen und die grünen Felder. 1970. Abgedruckt auch in: Vorlesebuch Religion, Band 2, 1973.
Ein ausführliches Gespräch über die Erzählung ging voran unter der Leitfrage: Gibt es diesen Vogel wirklich? – Weiteres vgl. 5./6. Stunde dieses Entwurfs.
Anschließend schrieben die Kinder *Briefe mit Ratschlägen* für den Jungen.
Zusammenstellung der Antworten von 23 Schülern:

Einfach nicht daran denken (6)
Bettdecke über den Kopf ziehen (5)
Augen zumachen (4)
Licht anknipsen (4)
Was Schönes denken oder träumen (4)
Mit den Eltern reden (3)
Lesen (3)
Genau nachsehen, was los ist (2)
Singen (2)
Vogel bewerfen (2)

Fenster schließen
Gardinen schließen
Gardinen offen lassen
Pappe am Fenster anbringen
Ein Gitter anbringen
Einfach einschlafen
Ohren zuhalten
Ohren mit Watte verstopfen
Schlafpulver nehmen

Abb. 23

Abb. 23 bis 27 zeigen Ergebnisse einer Unterrichtsreihe zum Thema: Angst

5. Schuljahr Ihlowerfehn/Ostfriesland 1972
Lehrerin: Gabriele Scheiberg

Ziele: Die Schüler sollen

- sich eigener und fremder Angst bewußt werden, sie auf ihre Entstehung, ihre Auswirkungen und ihre mögliche Reduktion hin untersuchen;
- Alternativen für eigenes und fremdes Verhalten in Angstsituationen finden und formulieren.

Kinder haben Angst
vor Zeugnissen
vor Gespenstern
vor Träumen
vor Gewitter
im Dunkeln
allein zu Haus

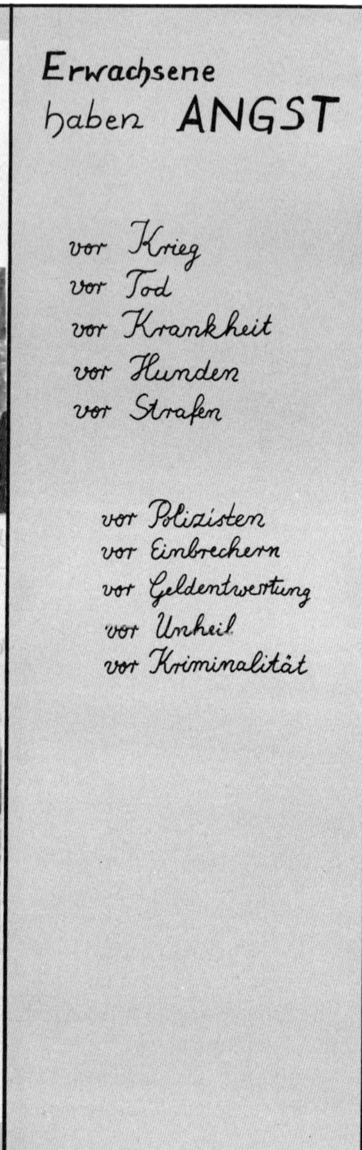
Erwachsene
haben ANGST
vor Krieg
vor Tod
vor Krankheit
vor Hunden
vor Strafen
vor Polizisten
vor Einbrechern
vor Geldentwertung
vor Unheil
vor Kriminalität

Abb. 24

Abb. 25

Wir wissen,

daß Angst angeboren ist,

daß Angst vor Gefahren
schützen kann,

daß Angst erlernt werden kann,

daß Angst uns behindern kann.

Abb. 26

Abb. 27

WAS TUN WIR, DAMIT DIE ANGST UNS **NICHT** ZU STARK BEHINDERT?

weglaufen?

singen?

arbeiten?

an etwas anderes denken?

einfach denken,
sie sei nicht da?

Nerven behalten?

MODELL III

Nach Gott fragen (ab 3. Schuljahr)

Eine theologische Reflexion über das Thema in Form von *Thesen* sei dieser Unterrichtsreihe vorangestellt. Der Thesencharakter soll vor dem Irrtum bewahren, als sei hiermit eine ausgewogene didaktische Monographie zur Gottesfrage beabsichtigt.

These 1 - 6: Theismus und Atheismus[32]

(1) Das Bewußtsein der Realität Gottes als personales Gegenüber gilt oder galt von biblischer Zeit bis weit in die Neuzeit hinein in jüdisch-christlich geprägter Tradition als selbstverständliche Voraussetzung menschlicher Existenz (Theismus-Vorgabe). Man litt zwar unter der Verborgenheit Gottes, stellte seine Existenz jedoch nicht prinzipiell in Frage.

Wenn es im AT gelegentlich heißt: „Es gibt keinen Gott" (Ps 14,1; 53,2), so wird diese Haltung doch eindeutig als Sprache der „Toren" abgewehrt. Die eigentliche Front richtet sich auf die Alternative: Gott (Jahwe), nicht die Götter (1. Gebot).
Ein Beleg zur Theismus-Vorgabe in der Gegenwart: Bei der Umfrage: „Was glauben die Deutschen? " gaben im Jahre 1967 insgesamt 90% der Bundesbürger an, sie glaubten an Gott (68%) oder ein höheres Wesen (22%)[33]. Nach *Boos-Nünning*[34] geben 86% folgendem Satz ihre Zustimmung: „Es gibt etwas, das größer ist als der Mensch, mag man es Gott oder Natur nennen." 15% sagen: „Ich glaube nicht an Gott." Die Meinungen der Mehrheit sind vermutlich durch eine Tendenz zum Konformismus mitbedingt.

(2) Der Theismus begründet(e) sich auf der Deutung allgemeinmenschlicher Erfahrungen in Natur und Geschichte: Unverfügbarkeits- und Abhängigkeitsgefühl, Wissen um Hilflosigkeit und Erlösungssehnsucht, Gebet, Staunen und Dankbarkeit, Zuversicht, Vertrauensvorgaben, Empfinden für Geborgenheit und Sinnhaftigkeit. Gott im Sinne eines transzendenten, geheimnisvollen Seinsgrundes sei Antwort auf Fragen, die sich durch die Endlichkeit des Menschen stellen[35]. In diesem Sinne

---

[32] Der Dank für gemeinsame Diskussion dieser Thesen gilt P. Engel, K. Friedrichs und R. Goeden, den Kollegen der Arbeitsstelle für Religionspädagogik in Oldenburg – Ostfriesland.

[33] *W. Harenberg* (Hg.), Was glauben die Deutschen? 1969.

[34] *W. Boos-Nünning*, Dimensionen der Religiosität, 1972.

[35] *P. Tillich*, Systematische Theologie I, ^{3}1956, S. 247.

ist theistisches Denken an Erfahrung gebunden; denn es deutet Grunderfahrungen unter bestimmter Perspektive.

(3) Da menschliche Gotteserfahrung nie eindeutig, nie unbezweifelbar, sondern ambivalent ist, und da die Bibel nicht von dieser Ambivalenz ausgenommen ist, halte ich die selbstverständliche, fraglose Theismus-Vorgabe für brüchig. Es gilt für viele Jugendliche nicht mehr als ausgemacht, daß ein Gott sei. Das bezieht sich auf alle Dimensionen menschlicher Existenz: die kognitive, affektive und pragmatische.

Belege für die zunehmende Brüchigkeit von Theismus-Vorgaben aus einer Umfrage in Münchner zehnten Klassen des Gymnasiums (1970)[36]:
30,4% kath. und 35,7% ev. Schüler glaubten nicht an Gott,
60,7% kath. und 63,1% ev. Schüler glaubten nicht an die Bibel als Gottes Wort.
Es kann folglich nicht vorausgesetzt werden, daß biblische Wendungen wie „und Gott sprach“ – „und Gott sah“ verstanden werden.
Wenn ich die Fragestellungen der *Emnid*-Umfrage oder der Untersuchung von *Boos-Nünning* Jugendlichen aus Oldenburger Schulen vorgelegt habe, so fanden sie nur etwa bei der Hälfte der Schüler Zustimmung.
Es wäre an der Zeit, eine vergleichende Untersuchung mit gleichen Fragen bei Jugendlichen und Erwachsenen durchzuführen.

(4) Die Vorgabe des prinzipiellen Atheismus, die radikale Erfahrung, daß kein Gott sei, unterliegt in gleicher Weise dem Zweifel, der Ambivalenz wie jede Theismus-Vorgabe.

(5) Theismus und Atheismus, Religiosität und Religionslosigkeit streiten sich wie zwei feindliche Brüder um gleiche Fragestellungen. Moderner Atheismus kann als nachchristliche Erscheinung gesehen werden; vielfach haben Theismus-Vorgaben den Atheismus aus sich herausgesetzt. Beide stellen dieselbe Frage nach dem Sinn menschlichen Daseins.

(6) Die Einsicht in die Brüchigkeit von Atheismus- und Theismus-Vorgaben kann für die christliche Theologie *positive Folgen* haben:

- als eine Art negativer Theologie, die zeigt, was Gott alles nicht ist;
- als Einsicht, daß die Rede von Gott sich mitten im Leben bewähren muß;
- als Forderung, Widersprüche zwischen Glauben und Denken nicht als unvermeidbar hinzunehmen;

---

36 *N. Havers*, Der Religionsunterricht – Analyse eines unbeliebten Faches, München 1972, S. 85 f.

- als Abwehr aller Gottesvorstellungen, die Gott zum Entwurf des Menschen machen, ohne die Menschlichkeit alles Sprechens von Gott und damit die Fraglichkeit, das Vorläufige auszudrücken;
- als Betonung der Verantwortung für die Zukunft unserer menschlichen Gesellschaft: humanistischer Atheismus und christlicher Glaube sind zum positiven Wettstreit um das notwendige Tun des Gerechten angetreten.

These 7 - 10: Gott und der Nächste

(7) Auf der Suche nach einem Weg zwischen Theismus und Atheismus gilt es, den Gegensatz zu keiner Seite hin prinzipiell aufzulösen, sondern die *Spannung* zu akzeptieren. Mit menschlichen Mitteln läßt sich Gott – sofern er Gott ist – weder totreden noch totschweigen. Jedes undialektische Reden von Gott soll abgewehrt werden, denn nur im unversöhnlichen Gegensatz ist das Bewußtsein der Relativität menschlichen Redens von Gott ausdrückbar:

- Biblisch gesprochen steht neben dem Gefühl der Zuversicht das der Gottverlassenheit. Jesus wendet sich an Gott mit seiner Klage: „Mein Gott, mein Gott, warum hast du mich verlassen?"
- D. Bonhoeffer: „Vor und mit Gott leben wir ohne Gott". Seine Redlichkeit zwingt ihn zu der Aussage, daß wir in einer Welt leben müssen, als ob es Gott nicht gäbe; *dennoch* betet er „Von guten Mächten wunderbar geboren . . ." (1944).
- Angesichts des Gekreuzigten auf den Lebendigen hoffen, das bleibt die Zumutung des christlichen Glaubens, die sich im Streit um die Wirklichkeit konkret zu bewähren hat.

(8) Das Gefühl der Zuversicht (individueller Glaube an Gott) und die Liebe zum Nächsten (soziales Engagement), persönliche Frömmigkeit und Einsatz für Humanisierung, das neue Herz und die veränderten Verhältnisse, christliches Hoffen und soziales Handeln dürfen weder zum einen noch zum anderen Pol hin alternativ gesehen werden. Beide sind ständig aufeinander zu beziehen. Wer für andere da ist, lebt bewußt oder unbewußt aus verborgenen Quellen der Hoffnung und Zuversicht.

(9) Jesus von Nazaret hat den Willen Gottes als bedingungslose Solidarität mit dem Menschen – vor allem mit Leidenden, „Gottlosen", Außenstehenden – verstanden. Sein Reden und sein Verhalten entsprechen sich. Dabei fällt auf, daß er nicht direkt von Gott spricht, sondern indirekt und praktisch im Sinne einer Sprengung menschlichen Verhaltens.

Vgl. das „Gesetz der Sprengung“ in vielen Gleichnissen: Welcher Vater nimmt den mißratenen Sohn bedingungslos auf? Wer lädt sich zum einmaligen Fest sonst gemiedene Gäste, die er nicht einmal kennt? Wer streicht die Riesenschuld mit nur einem Wort? Wer rechnet nicht ab nach Leistung und Verdienst? Wer sät so, daß 75 % der Saat verlorengehen?

(10) Glauben an Gott kann ich mir so vorstellen:

- Es erscheint mir angemessen, in dialektischen Aussagen den Versuch zu machen, dem Unsagbaren versuchsweise Sprache zu geben. Deshalb glaube ich an Gott als Person und an Gottes Handeln durch Mitmenschen. Mit dem personalen Gottesverständnis ist das Menschsein des Menschen in einer letzten personalen Vertrauensbeziehung konstituiert.
- Jesus ging so menschlich mit anderen, selbst mit seinen Gegnern um, daß darin mehr als Menschliches sichtbar wird. Wo Menschen sich bewußt oder unbewußt so menschlich zu verhalten versuchen, da wird menschliches Verhalten transzendiert. In diesem Sinne redet das NT von dem Gott, der das Verlorene sucht und der dem Menschen liebend nachgeht. Gott ist zwischen uns Menschen anwesend, wo wir im Sinne Jesu leben.
- Trotz Enttäuschungen nicht verbittert werden, trozt Scheitern nicht verzagen, beharrlich auf einem mühsamen Weg bleiben, heißt: so leben, als ob ich Gott nahe weiß und fühle. Das heißt: sich den Zugang zur Quelle nicht verschütten. Denn wer zur Quelle will, muß gegen den Strom schwimmen. Hoffen und Erwarten von mehr Liebe und Gerechtigkeit leben aus der Erinnerung an Reden und Tun Jesu.
- Sich der Relativität und Grenzen eigenen Denkens und Erkennens bewußt sein, Menschliches nie absolut setzen, heißt: so denken wie einer, der von einem anderen weiß. Denn die Hoffnung, die über Menschliches hinausweist, trägt zur angemessenen Einschätzung menschlicher Grenzen bei. Anders gewendet: der brutale Satz „everybody is his own God“ gilt nicht, denn das ist der rechte Unterschied zwischen Gott und Mensch: kein Mensch muß Gott sein wollen[37].

---

[37] *E. Jüngel*, Was ist „das unterscheidend Christliche?“, in: G. Adler, Christlich – was heißt das?, Düsseldorf 1972, S. 62 - 65.

These 11 - 17: Didaktische Folgerungen

(11) Aus der prinzipiellen Gleichartigkeit von Theismus- und Atheismus-Vorgaben wird vielfach das *Ziel einer neutralen Erziehung* abgeleitet: man dürfe Kinder weder durch Glauben noch durch Unglauben erzieherisch beeinflussen.

Beispiel: *A.S. Neill*[38] auf die Frage, warum er als Atheist den Atheismus nicht lehre: „Ich habe nie Kinder zu veranlassen gesucht, daß sie meine Ansichten oder Vorurteile teilen. Ich habe keine Religion, habe jedoch nie ein Wort gegen Religion gelehrt."

Kein Kind kann ohne Orientierung leben; es lernt zunächst durch Imitation. Eine neutrale Erziehung in früher Kindheit kommt einer latent atheistischen Beeinflussung nahe. Es gibt keine Erziehung ohne Vorgaben, wohl aber eine Erziehung zur Entscheidungsfähigkeit. In diesem Sinne verstehe ich evangelischen RU, der von der „Freiheit der Söhne Gottes" (Röm 8,21) weiß.

(12) Reden von Gott unter den Bedingungen der Schule für alle bedeutet, eine *voraussetzungslos verstehbare Sprache*[39] zu pflegen. Da ein allgemeines Gottesbewußtsein nicht postuliert werden kann, geht es um die Eröffnung *induktiver* Glaubenswege. Induktion wird verstanden als ein „Denkvorgang, der bei der Erfahrung ansetzt"[40], nicht bei unbestreitbaren Vorgaben (das wäre deduktiv). D.h. die Antwort „Gott" steht nicht am Ausgangspunkt des RU, die Glaubensentscheidung kann offen bleiben. Es geht nur um ansatzweise Befähigung zu religiösen Fragen.

(13) Theologisch gesehen ist der Kontext für die christliche Rede von Gott die konkret erfahrbare Situation. Daraus folgt didaktisch,

---

38 *A.S. Neill*, theorie und praxis der antiautoritären Erziehung, in: rororo 6707/8, S. 238.

39 *W. Pannenberg* schreibt [in Anlehnung an *G. Sauter* (Evangelische Kommentare 11/1971, S. 632)]: „Eine solche Theologie setzt für ihren ‚Begründungszusammenhang' keine spezifisch christlichen Glaubensüberzeugungen voraus, so sehr der ‚Entdeckungszusammenhang' . . . durch die christliche Überlieferung bestimmt sein mag."

40 *H. Halbfas*, Aufklärung und Widerstand, 1971, S. 127 ff.

– daß die Gottesfrage innerhalb einer „Hermeneutik des Daseins“ im Sinne eines theologischen Prinzips ihren Ort hat,
– daß die Gottesfrage außerdem explizit im Unterricht thematisiert werden muß, um die Themen einer „Hermeneutik des Daseins“ dem Schüler theologisch zu begründen.

Beide didaktischen Typen finden sich in neuen Religionsbüchern für die Grundschule, ohne daß ihre innere Beziehung dem Kinde einsichtig gemacht wird.

(14) Die Transformierung dogmatischer Gottesprädikate (Allmacht, Allgegenwart, Unsterblichkeit, Schöpfer) in das Vorstellen und Sprechen von Kindern kann zu Infantilismen führen, die schon dem ehrlichen Zweifel des Kindes nicht mehr standhalten[41]. Ich werte dies als Symptom für die Brüchigkeit von Theismus-Vorgaben.

Es ist offen, ob massiv-anthropomorphe kindliche Gottesvorstellungen auf naive Denkstrukturen zurückzuführen sind oder auf ein von dogmatischen Setzungen geprägtes Lernangebot. Ich vermute, daß ein noch wenig differenziertes Denken gern auf eindeutig scheinende Setzungen zurückgreift. Mit zunehmender Vergleichsmöglichkeit häufen sich dann die Fragen.

(15) Wer als Kind radikal fragt, ohne zureichende Antwort bekommen zu können, der wird schließlich müde und stumm. Vielleicht liegt es mit daran, daß viele Jugendliche kaum Sinnfragen laut werden lassen. Werden sie wirklich kaum noch gestellt? Sicher ist, daß Jugendliche oft mehr nach individueller Lebenshilfe als nach Glaubensinhalten fragen; diese kommen wohl nicht nur ihnen unklar, unwissenschaftlich und damit unbeantwortbar vor.

(16) Ein Kleinkind erlebt und überwindet seine *Abhängigkeit* im Verhältnis zu seinen Eltern in der Spannung von Identifikation und (mit zunehmender Realitätserfahrung) Distanz. Das kindliche Ideal der ursprünglich elterlichen Allmacht und Allgegenwart sowie die kindliche Furcht vor elterlicher Strafe sollte nicht auf Gott übertragen werden.

---

[41] Beispiele bei *J. Klink/Chr. Reents/R. Weil* [u.a.] siehe oben im Literaturverzeichnis am Ende von Kapitel 3.

(17) *Didaktische Forderungen*

- Ansprechen aller Dimensionen menschlicher Existenz: kognitive, affektive, pragmatische (bisher ungelöst).
- Kein Disqualifizieren dessen, der auf der Basis von Popularmeinungen z.B. fragt und denkt: „Gibt es Gott? – Hat es ihn früher gegeben?"
- Reflektieren der Differenz zwischen Popularmeinungen und theologisch vertretbaren Positionen[42].
- Voraussetzen und akzeptieren der Ambivalenz menschlicher Gotteserfahrung(en); daraus folgt eine Bereitschaft zum offenen Dialog, der Fragen zu wecken und offenzuhalten vermag.
- Unbedingte intellektuelle und gefühlsmäßige Redlichkeit für sich und andere. D.h. nur das zum Ausdruck bringen, was man selbst zu verstehen meint und das möglichst mit eigenen Worten in allgemein verständlicher Sprache.
- Vermeiden handlicher Lösungen, z.B. einseitiges Auflösen der dialektischen Spannung zu der einen oder der anderen Seite; Abwehr falscher Alternativen (These 7 und 10).
- Vermeiden aller Aussagen,
  die Gott als Erziehungsmacht benutzen (z.B. „der liebe Gott sieht alles", „Gott ist immer bei uns")[43],
  die Gottesgedanke und gesellschaftliche Machtvorstellung vermischen (z.B. Allmacht Gottes, seine Strafen),
  die Gott zum Lückenbüßer menschlicher Unfähigkeit machen.
- Den Wandel der Gottesbilder und Gotteserfahrungen berücksichtigen (z.B. verschiedene Gottesbilder in der Bibel); denn Gott will immer neu erfahren werden.

---

42 Vgl. Kapitel 3 (Anfang).

43 „Der liebe Gott sieht alles. Diesen Satz sagen die alten Leute ganz häufig zu 3 - 5jährigen Kindern. Wenn die Kinder nicht gehorchen oder etwas getan haben, ermahnen ihnen die Eltern oder die alten Leuten. Sie sagen zu den Kindern, daß alles der liebe Gott sieht. Sie glauben es auch und versprechen, daß sie es nicht wieder tun wollen. Die Großen fallen darauf nicht mehr rein. Die sagen dann, daß sie es gar nicht glauben. Dann müssen die Eltern zu anderen Mitteln greifen z.B. Schimpfe." (Reinhard, 13 Jahre, 1970. Marcardsmoor; Vater: Arbeiter).

(18) *Intentionen/Teileinheiten*

- Eigene und fremde Gottesvorstellungen zu artikulieren und zu ordnen versuchen; sie als übernommen erkennen;
- neue Gottesvorstellungen kennenlernen; offen werden für Gottesbilder anderer; neue Bilder für Gott erfinden;
- ein Gespür dafür entwickeln, in konkreten Lebenssituationen über Aufweisbares hinauszudenken; Revision kaum vertretbarer Gottesbilder beginnen[44];
- erkennen, daß Menschen nur indirekt etwas über Gottes Anwesenheit (und Abwesenheit) aussagen können, daß Gott zumeist durch Menschen handelt;
- Situationen aufzeigen, in denen Gott erfahrbar ist oder in denen Menschen im Namen Gottes zum Handeln aufgefordert sind.

Diese Intentionen sollten in *Teilziele* aufgegliedert und in kurzen Teileinheiten unterrichtet werden. Drei mögliche *Teileinheiten:*

1. Bestandsaufnahme
Eigene und fremde Gottesvorstellungen artikulieren und ordnen; nach vertretbaren Gottesbildern fragen lernen.
2. Zum Gottesbild Jesu
Der Wechsel der Metaphern: Hirte, Vater, Hausherr, Weinbauer – zusammengefaßt: Liebe
Die zweite Teileinheit sollte nur dann vorgesehen werden, wenn ein Lehrgang über Gleichnisse Jesu vorausgesetzt werden kann; falls nicht, könnte man von der ersten zur dritten Teileinheit übergehen.
3. Zur Revision kaum vertretbarer Gottesbilder.

---

44 Ich stimme *F. Kriechbaum* darin zu, daß die Korrektur tradierter Fehlvorstellungen nicht am Beginn stehen darf, sondern daß sie sich während des Arbeitsprozesses ergeben sollte. (In: Der Evangelische Erzieher 1972, S. 9).

Unterrichtsskizze: *Nach Gott fragen*

Richtziel: Die Schüler sollen ein Gespür dafür entwickeln, in konkreten Lebenssituationen über Aufweisbares hinauszudenken und dadurch Fragen nach Gott indirekt zu beantworten versuchen.

Teilziele	*Aspekte/Aufgaben/Materialien*
1. Bestandsaufnahme Die Schüler – artikulieren ihre Fragen nach Gott, – stellen die Fragen geordnet zusammen, – diskutieren sie und suchen nach Antwortmöglichkeiten, – drücken ihre bisherigen Vorstellungen von Gott aus, ordnen und reflektieren sie und verstehen sie als übernommen.	(vgl. Kapitel 3 in diesem Band) Fragebogen Nr. 12 und Tafelarbeit zur gemeinsamen Auswertung einer Frage Arbeitsbogen Nr. 14 zuordnen von Bildern und Vorstellungen der Bestandsaufnahme (Schülerzeichnungen) zu dem Bildbogen Nr. 13 in Gruppen
2. Die Schüler – suchen in ihnen bekannte Situationen und Geschichten, in denen Jesus von Gott spricht und versuchen, vom Reden (und Verhalten) Jesu auf seine Gottesvorstellung zu schließen; Jesus legt Gott als Liebe aus. – lernen dadurch ein ihnen neues Gottesbild kennen und vergleichen es mit ihren bisherigen Gottesvorstellungen.	a) (Mt 22,35 - 40 (Doppelgebot) b) Das überraschende Verhalten des Hirten, des Vaters (Luk 15), des Hausherrn (Luk 14,16 - 23), des Weinbergbesitzers (Mt 20, 1 - 15) als Bild, ohne daß dort ausdrücklich von Gott die Rede ist. (Texte je nach Lernvoraussetzungen wählen) c) Arbeitsbogen Nr. 14 unterer Teil in Auswahl dem Bildblatt Nr. 13 zuordnen in Gruppen

Teilziele	*Aspekte/Aufgaben/Materialien*
3. Die Schüler – schreiben Worte auf, durch die man den Begriff „Gott“ ersetzen könnte, z.B. Liebe, Frieden, Trost, Vertrauen, Freude . . .	Hilfe: „Gott ist Liebe . . .“ (1 Joh 4,16)
– setzen diese neuen Worte mit ihren ersten Fragen in Verbindung,	z.B. Kann man ____________ sehen? (Liebe) Wie sieht ____________ aus? (Liebe) Gibt es ____________ ? (Liebe)
– finden auf diese Weise heraus, daß ihre Fragen nicht im Sinne schlüssiger Beweise beantwortbar sind, sondern indirekt durch Erfahrung und Verhalten im Sinne Gottes,	Diese Fragen sind nur im Sinne eines Vertrauensverhältnisses beantwortbar.
– beginnen mit der Revision kaum vertretbarer Gottesvorstellungen,	a) Kritische Bearbeitung eines Bilderbuches z.B. *Th. Diekamp* [u.a.], Gott ist immer bei uns (vgl. Literaturliste)
– zeigen Situationen auf, in denen Gott heute begegnen kann oder in denen wir im Namen Gottes zum Handeln aufgefordert sind,	b) Zusammenstellung von Negationen: – Gott ist kein Supermensch. – er ist kein Lückenbüßer. – er wohnt nicht im Himmel.
– erfinden neue Bilder für Gott.	c) *M. Buber*, Wo wohnt Gott? Arbeitsblatt Nr. 15 Interpretierendes Abschlußgespräch

Alternative zur zweiten Teileinheit: Anhang, Material Nr. 17 - 19

Vorschule

W. Döring/E. Haug, Wie wir manchmal Angst machen, in: Theorie und Praxis der Sozialpädagogik 81 (1973) Heft 6, S. 303 - 308.

Kindergottesdienst

W. Longardt, Angst und Vertrauen, in: Der Kindergottesdienst 83 (1973) Heft 4, S. 139 - 144.

Grundschule (Orientierungsstufe)

G. Bergmann, Angst, in: H. Grosch (Hg.), Religion in der Grundschule, 1971.

H. Berlin [u.a.], Angst – Mut – Feigheit. Unterrichtsmodelle für die Orientierungsstufe: RU 6, Loccum 1974.

D. Brummack/H. Meyer, Geborgen – verlassen sein, in: Zeitschrift für Religionspädagogik 12/1971, S. 374 - 387 (4. Schuljahr).

B. Buschbeck [u.a.], Angst und ihre Überwindung als Thema des evangelischen RU, in: Evangelischer Erzieher 24 (1972) Heft 10.

M. und *R. Dross*, Äußerungen über Angst in einem 3. und 4. Schuljahr, in: ru 1. Jg./1971, S. 106 - 126.

W. G. Esser, Menschen zwischen Angst und Geborgenheit, in: Zum RU morgen III, 1972, S. 502 - 544.

H. J. Fischer, Kinder haben manchmal Angst, in: Aus der Praxis – für die Praxis 8/1973, S. 19 - 23 hg. vom Rel.-Päd. Institut der Ev. Landeskirche in Baden, Karlsruhe (1./2. Schuljahr).

H. Hinzmann, Religionsunterricht im 5. Schuljahr, Die Angst. In: ru 1. Jg./1971, S. 126 - 136.

Katechetisches Amt der ev.-luth. Kirche in Braunschweig, Arbeitshilfen für den RU Nr. 44: Bedrohung und Geborgenheit, Februar 1974.

R. Lehnert, Gott will, daß unser Leben heil ist, in: Die Christenlehre 10/1972, U 145 - 152.

D. Meili-Lehner, Angst und Geborgenheit, in: RL [= Zeitschrift für Religionsunterricht und Lebenskunde, Zürich] 1/1972, S. 2 - 5.

G. Otto/H. J. Dörger/J. Lott, Neues Handbuch des RU, 1972.

D. Rumpf, Erstes Bedenken der Existenz, in: Rel.-Päd. Blätter 1 - 2/ 1973, hrsg. vom Prot. Landeskirchenrat der Pfalz (1. Schj.).

Volk [u.a.], Die Angst und ihre Überwindung, in: Schönberger Hefte 7, hg. vom Rel.-Päd. Studienzentrum der EKHN, Schönberg/Ts. (4. Schj.).

Sonderschule

Unterrichtskizzen zum Thema „Angst“, in: Aus der Praxis – für die Praxis Folge 3/1973, hg. vom Rel.-Päd. Institut der Evang. Landeskirche in Baden, Karlsruhe, Kaiserallee 38 (ab 5. Klasse).

R. Rogge, Jesus ist stärker als Angst und Tod. In: Anregungen für den ev. Religionsunterricht an Schulen für Lernbehinderte und an Schulen für geistig Behinderte, Heft 5, hg. vom Kat. Amt der Ev.-luth. Kirche in Bayern, Nürnberg 1972, S. 3 - 17 (4. Klasse).

Schulbücher

Religion: Bilder und Wörter 1/2, S. 18 f. Düsseldorf 1972.

Arbeitsbuch: Religion 1/2, S. 84 f.

Exodus, Religionsunterricht – *3. Schuljahr*, S. 55 - 62. München/ Düsseldorf 1974.

Exodus, Lehrerkommentar – 3. Schuljahr, hg. von G. Miller und Th. Eggers, München/Düsseldorf 1975, S. 89 - 99.

DIDAKTISCHE LITERATUR ZUR GOTTESFRAGE IM PRIMARBEREICH (vgl. Kapitel 2 und 3) (erstellt mit Hilfe von D. Nilse, Oldenburg)

J. Adam, Arbeitshilfe für den Kindergottesdienst, Gelnhausen o.J., S. 53 - 60.

H. Angermeyer, Mit Kindern sachgemäß von Gott reden, in: Der Evangelische Erzieher 1969, S. 384 - 395.

H. Buß/H. Strube, Die Frage nach Gott, in: KU-Praxis 1, 1973, S. 13 - 17.

Th. Diekamp/H. Wicking/J. Pankarz, Gott ist immer bei uns. Ein Bilderbuch. Paderborn/Kassel [o.J.]

W. G. Esser (Hg.), Die religionspädagogische Grundfrage nach Gott, Freiburg 1969.

F. Hahn, Wo wohnt Gott? Ein Unterrichtsmodell für das 2. - 3. Schuljahr. In: Der Evangelische Erzieher 1971, S. 161 - 169.

F. Hahn, Die anderen, wir und Gott. Unterrichtsmodell für das 5./6. Schuljahr. In: Der Evangelische Erzieher 1971, S. 496 - 508.

H. Halbfas, Der Gott der Kinder In: informationen zum religionsunterricht 2/1973, S. 7 - 13.

H. Halbfas, Das Menschenhaus. Düsseldorf 1972, S. 200 ff.

H. Halbfas, Lehrerhandbuch Religion, 1974, S. 504 - 518.

W. Hartmann, Wie reden wir als Religionslehrer in der Grundschule von Gott?, in: Der Evangelische Erzieher 1969, S. 133 - 138.

H. Hetzer, Selbständige Bemühungen kleiner Kinder, Gott zu begreifen, in: Der Evangelische Erzieher 1971, S. 137 - 148.

F. Kriechbaum, Die Frage nach Gott. Überlegungen zur Behandlung dieses Themas im 1. - 7. Schuljahr. Mit einer kurzen Stellungnahme von F. Hahn. In: Der Evangelische Erzieher 1972, S. 1 - 16.

F. Kriechbaum, Antwort auf den Gesprächsbeitrag von G. Ringshausen „Die Frage nach Gott im RU". In: Der Evangelische Erzieher 24 (1972), S. 16 ff.

M. Mezger, Mit Schülern von Gott reden – was heißt das? Zur Frage des redlichen Religionsunterrichts Vortrag beim Evangelischen Lehrertag in Kassel, November 1967, in: Theologia practica 1968, S. 156 - 168.

S. Nickel (Hg.), Wo wohnt der liebe Gott? Beispiele für kindliches Denken in Fragen, Spielen und Malereien. Kleine Burckhardthaus-Bücherei, Band 20.

Projektgruppe Hohenhameln, Die Frage nach Gott. Unterrichtseinheit für das 3./4. Schuljahr. 9, Manuskript mit Arbeitsmaterial. Hildesheim 1972.

G. Ringshausen, Die Frage nach Gott im Religionsunterricht. Zum Gespräch zwischen F. Hahn und F. Kriechbaum, in: Der Evangelische Erzieher 1972, S. 16 - 28.

R. Sauer (Hg.), Wer ist Gott? Wo ist Gott? München 1973.

D. Steinwede, Die Frage nach Gott, Lernziele und Materialien für die Grundschule. In: Zum Religionsunterricht morgen, Band III, 1972, S. 473 - 501.

Unterrichtseinheit zum Thema „Gottesfrage" – durchgeführt im Rahmen des Rel.-Päd. Fachblockpraktikums an der Abteilung Oldenburg der PHN vom 3. - 15.9.1973. Verantwortlich: D. Nilse, M. Rickers (Umdruck).

G. Veidt, Wie können wir mit Schülern von Gott reden? , in: Der Evangelische Erzieher 1971, S. 148 - 161.

W. Wiese, Wo ist Gott, Mutter? Kinder fragen – Eltern antworten. Lahr 1968.

U. Wölfel, Ist „Religion" ein Sachgebiet für Kinder?, in: Deutsches Pfarrerblatt, 2. Ausgabe September 1972, Nr. 18, 72. Jahrgang, S. 590 ff.

GRUNDLEGENDE LITERATUR

Da Spezialliteratur am Ende jedes Kapitels und in den Anmerkungen angeführt ist, sei im folgenden nur auf *allgemeine* Veröffentlichungen zum Religionsunterricht im Primarbereich hingewiesen.

Arbeitskreis Grundschule (Hg.), Religionsunterricht in Vor- und Grundschule (Beiträge zur Reform der Grundschule Heft 9/10), Frankfurt 1972.

G. Baudler (Hg.), Religionsunterricht im Primarbereich. (Religionspädagogik – Theorie und Praxis 24) Zürich/Einsiedeln/Köln 1973.

W. G. Esser (Hg.), Zum Religionsunterricht morgen III. München/Wuppertal 1972.

H. Grosch (Hg.), Religion in der Grundschule. 2. Aufl. Frankfurt/Düsseldorf 1971.

H. Halbfas, Aufklärung und Widerstand. Düsseldorf/Stuttgart 1971, S. 122 - 161.

H. Halbfas/F. Maurer/W. Popp (Hg.), Neuorientierung des Primarbereiches. Bd. 1: Entwicklung der Lernfähigkeit Bd. 2: Lernen und soziale Erfahrung. Stuttgart 1972/1974.

I. Hiller-Ketterer, Kind-Gesellschaft-Evangelium. Stuttgart/München 1971.

P. Jansen (Hg.), RU-Primarstufe. Pläne, theologische Reflexionen und didaktische Hilfen. Zürich/Köln 1974.

Ch. Reents, Erziehung zum kritisch-produktiven Denken im Religionsunterricht der Grund- und Orientierungsstufe. Theoretische Grundlegung. Gütersloh 1974.

Dies., Kritisch-produktives Denken im Religionsunterricht. Modelle für die Klassen 3 - 6 (Handbücherei für den Religionsunterricht 18), Gütersloh 1974.

Dies., Erziehung zum kritischen Denken im Religionsunterricht, Schülerhefte und Lehrerheft für das 3. - 6. Schuljahr, Düsseldorf/Frankfurt 1973.

Themenheft der Zeitschrift „Der Evangelische Erzieher" 27 (1975) Heft 3 [Mai/Juni]

NEUE LITERATUR ZUR GOTTESFRAGE S. 133/134

E. Bochinger u.a., Schalom. Religion 3./4. Lehrerhandbuch. Frankfurt 1973, S. 32 - 34.

F. Hahn, Gott ist ein Fremdwort in: Radius 4/Dez. 1974, S. 46 - 48.

Katechetisches Amt der ev.-luth. Kirche in Braunschweig. Arbeitshilfen für den RU Nr. 49, Nach Gott fragen. März 1975 (Umdruck).

R. Steigerthal/U. Raschkowski, Wer ist Gott? Unterrichtseinheit für Ev. Religion. In: Grundschulkongreß Niedersachsen 1974, Kooperation und Kommunikation (Beiträge zur Reform der Grundschule S. 11/12) Frankfurt 1974.

D. Steinwede, Von Gott. Lahr, Düsseldorf 1974.

D. Steinwede/S. Ruprecht, Vorlesebuch Religion 2. 1973, S. 208 ff.

R. Tschirch, Gott für Kinder GTB 83, Gütersloh 1974.

R. Weil, Wer hat den lieben Gott auf die Welt gebracht? GTB 86, Gütersloh 1974.

ANHANG
Arbeitsblätter/Fragebogen

1 *Gruppe – Außenseiter*

Ähnliches Verhalten bei Menschen und Tieren?

Im „stern" (Nr. 18 vom 26.4.1970) war folgende Information über die Konflikte von Pinguinen in der Antarktis zu lesen:

Auch bei Pinguinen machen erst die Kleider Leute, und ohne den tiefschwarzen Frack ist man einfach nicht „in". Diese Erfahrung mußte ein als Albino geborener Pinguin machen, als er sich arglos in seinem prächtigen Weiß bei einer Gruppe als „Der Neue" vorstellte. Im Nu war er von giftig keifenden Artgenossen umgeben, und es traf ihn die ganze Schmach und Verachtung, die auch die Menschenwelt für ihre Außenseiter stets bereit hat.

Die Fotos dieses Artikels wurden von einer Konfirmandengruppe mit Beratung von H.-J. Jürgens, Obenstrohe, zu einer Plakatreihe umgestaltet im Zusammenhang des Unterrichtsthemas: Gruppe-Außenseiter.
Später haben wir diese Plakatreihe mehrfach im Primarbereich eingesetzt als verfremdenden, visuellen Impuls zur *Bestandsaufnahme.*
Um produktive Findigkeit nicht zu verhindern, fehlen Beschriftungen.

Ziele

(1) Die Schüler beobachten Zusammenhänge zwischen dem Anfangs- und Endverhalten des Pinguins und der Gruppe.
(2) Sie nennen Ursachen für dieses Verhalten: Anderes Aussehen.
(3) Sie suchen nach vergleichbaren Erfahrungen unter Menschen.
(4) Sie schreiben eine kurze Geschichte zu den drei Bildern.
Alternative: Sie malen eine entsprechende Bildkette (ohne Pinguine).

Aus den Defiziten (Ziel 3) können sich Themen und Ziele für eine weitere Planung der Unterrichtseinheit ergeben.

Literatur

H. Gieding, Ein Beispiel zur Konfliktanalyse. In: Die Grundschule 4/1971
W. Dietrich (Hg.), Der Anstoß. Unterrichtsblatt Nr. 121. Gelnhausen 1971

1. ____________________

2. ____________________

3. ____________________

		Ja	Nein
1.	Hast Du schon *häufiger* etwas von Jesus gehört?	☐	☐
2.	Hat Jesus überhaupt gelebt?	☐	☐

3a Wenn nicht, was würdest Du über ihn wissen wollen?

____

3b *Wie stellst Du Dir Jesus vor?*
(Stichworte – oder Skizze auf Rückseite)

____

Warum interessierst Du Dich für ihn?

____

4a Kennst Du Namen wichtiger, heute lebender Personen, für die Du Dich interessieren würdest?

____

4b Könntest Du Jesus mit irgendeiner Person aus Deinem Verwandten- oder Bekanntenkreis, unter Politikern oder Stars vergleichen?

Nein ☐	Ja ☐
Warum nicht?	Mit welcher oder welchen?
__________	__________
	Warum?
__________	__________
__________	__________

5a Kennst Du Namen von Personen, die bereits gestorben sind, für die Du Dich aber doch noch interessieren würdest?

____

5b Was hat Dir von oder an Jesus Eindruck gemacht? – Was hat Dir an ihm nicht gefallen?

____

6. Worüber möchtest Du einmal ausführlicher sprechen? (Dabei braucht es sich nicht um ein religiöses Thema zu handeln, das ausdrücklich mit Jesus, Gott oder der Kirche zu tun hat.)

3

zanken

hinterher?

4

1. ______

2. ______

3. ______

4. ______

5

6a

Text (zu deutsch etwa „Friede, Gefährten, bis zum Wiedersehen") und Melodie: Aus Israel. Satz: Paul Ernst Ruppel 1969. Eigentum Verlag Singende Gemeinde, Wuppertal

Schalom ist ein hebräisches Wort aus dem Alten Testament und heißt: Harmonie, Frieden für den einzelnen und für alle, Ausgewogenheit der Ansprüche.

Text (zu deutsch etwa: »Wir bringen euch Frieden«). Melodie: Aus Israel.

Standbilder zu dem Kurzfilm

Ein Platz an der Sonne

Inhalt:

Die heitere Geschichte von zwei Menschen, die sich um ein Stückchen Sonne streiten und dabei beide ihren „Platz an der Sonne“ verlieren. Sie zeigt, daß Mißgunst und Streit unter den Menschen zu nichts führen, Verträglichkeit, Zusammenarbeit und Rücksichtnahme hingegen jeden zu seinem Recht kommen lassen.
Dieser Film eignet sich als Anspiel zum Thema: Streit, Neid, Konkurrenz, Haß.

Adressat: Kinder, Jugendliche, Erwachsene.

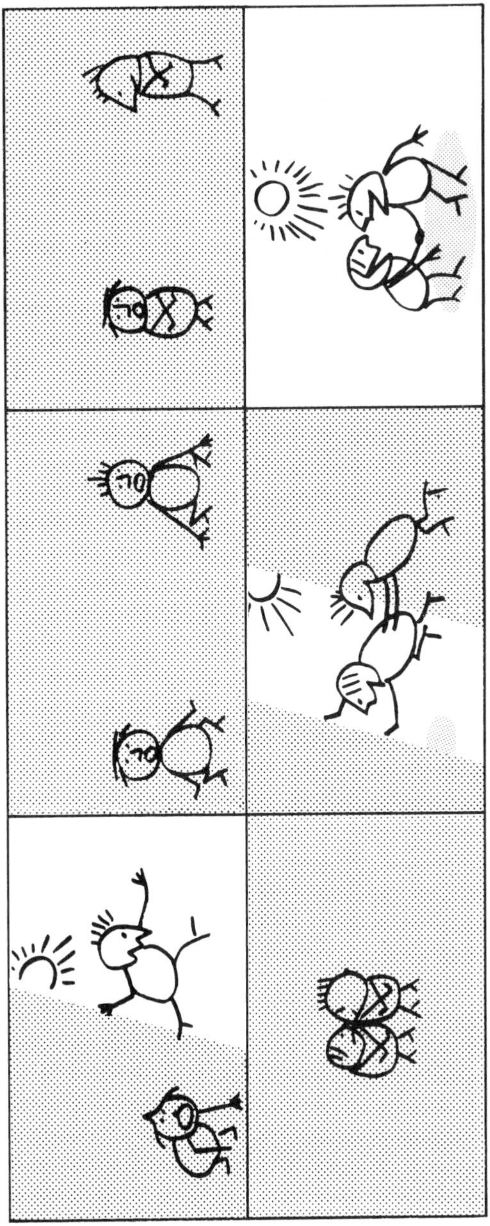

Aus didaktischen Gründen wurden die Standbilder nicht numeriert, jedoch in der Reihenfolge des Handlungsablaufs wiedergegeben:

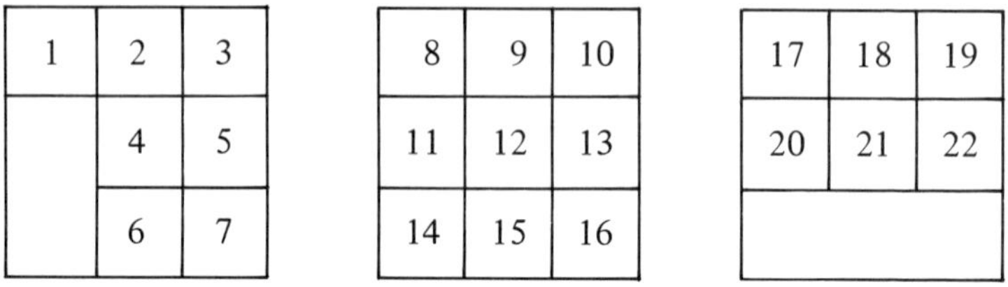

Die drei Blätter sind als Kopiervorlagen zur Herstellung von beweglichem Arbeitsmaterial zum Hantieren für Schüler (Partner- und Gruppenarbeiten) gedacht. Der Lehrer kann die Bilder auseinanderschneiden. Dann ergeben sich z.B. folgende *Aufgaben:*

(1) Ordnen in der Abfolge des Kurzfilms, nacherzählen, evtl. beschriften, kolorieren von Bildern.
(2) Ursache(n) des Streites suchen und diskutieren: haben wollen, neidisch sein . . .
(3) Formen des Streites heraussuchen: wegnehmen, schlagen, zerreißen . . .
(4) Folgen des Streites nennen, z.B. isoliert sein, frieren, sich anschreien . . .
(5) Lösungen des Streites finden, z.B. sich näherkommen, zusammenarbeiten . . .

Diese Aufgaben können sowohl arbeitsgleich wie arbeitsteilig bearbeitet werden. Differenzierung bietet sich an.
Insgesamt wird eine aktive Auseinandersetzung mit dem Thema angestrebt.
Hinweis: die beiden Streitenden unterscheiden sich durch ihre Haare.

Der Hausvater hebt den Teller mit den ungesäuerten Broten in die Höhe und sagt:

Das ist das Brot des Elends, das unsere Väter in Ägypten gegessen haben.
Jeder, der hungrig ist, komme und esse!
Jeder, der arm ist, komme und halte Passa!
Dieses Jahr hier, nächstes Jahr im Land Israel!
Dieses Jahr Knechte, nächstes Jahr frei!

Das jüngste Kind fragt:

Warum ist diese Nacht anders als alle anderen Nächte?
In allen anderen Nächten können wir Gesäuertes und Ungesäuertes essen, in dieser Nacht nur Ungesäuertes!
In allen anderen Nächten können wir viele Kräuter essen, in dieser Nacht nur bittere Kräuter!
In allen anderen Nächten brauchen wir nicht einzutauchen, auch nicht ein einziges Mal, in dieser Nacht zweimal!
In allen anderen Nächten können wir frei sitzen oder angelehnt, in dieser Nacht sitzen wir alle angelehnt!

Die Tischgesellschaft antwortet:

Einst waren wir Sklaven des Pharao in Ägypten, aber der Ewige, unser Gott, führte uns von da heraus mit starker Hand und ausgestrecktem Arm.
Hätte der Heilige, er sei gelobt, unsere Väter nicht aus Ägypten geführt, wir, unsere Kinder und Kindeskinder hätten auf ewig in Ägypten Knechte bleiben müssen.
Wären wir auch alle weise, alle verständig, alle in der Schrift erfahren, so müßten wir trotzdem vom Auszug aus Ägypten erzählen. Und jeder, der den Auszug aus Ägypten ausführlich bespricht, ist lobenswert.

Zusatzmaterial zu Kap. VI erstes Modell. Aus: *Evangelische Religionslehre,* Richtlinien und Lehrpläne für die Grundschule in Nordrhein-Westfalen 1973, S. 134 f.
Außerdem sei auf die Diareihe zur Neuen Schulbibel hingewiesen.
Alle weiteren Materialien sind in einem Schülerarbeitsheft zusammengestellt: *Ch. Reents,* Erziehung zum kritischen Denken im Religionsunterricht: 3. - 6. Schuljahr. Heft 2, Düsseldorf/Frankfurt 1973.

1. *Wozu sind Türen da?*

____

Wozu sind Messer da?

____

2. *Wozu sind Hände da?*

____

Wozu sind Wege da?

____

3. *Wozu sind Füße da?*

____

Wozu sind Köpfe da?

____

4. *Wozu sind Münder da?*

____

Wozu sind Bäume da?

____

5. *Wozu sind Völker da?*

____

Wozu sind Menschen da?

____

6. *Wozu sind Städte da?*

____

Wozu sind Galgen da?

____

1. wozu sind türen da
zum einbrechen
wozu sind messer da
zum hauen und stechen

2. wozu sind hände da
zum fäusteballen
wozu sind wege da
zum stolpern und fallen

3. wozu sind füße da
zum hetzen und jagen
wozu sind köpfe da
zum einschlagen

4. wozu sind münder da
zu haßgesängen
wozu sind bäume da
zum leute aufhängen

5. wozu sind völker da
zum blutvergießen
wozu sind menschen da
zum totschießen

6. wozu sind städte da
zum vernichten
wozu sind galgen da
zum aufrichten

Frank Hauser

DIDAKTISCHER KOMMENTAR

Ziel: Die Schüler sollen im Vergleich von zwei Fassungen eines Gedichtes herausfinden, daß dieselben Gegenstände angsterregend oder angstfrei benutzt werden können; ihr sinnvoller Nutzen ist vom Menschen selbst abhängig.

Gestaltung: Es handelt sich um ein Schülerarbeitsblatt, von dem die rechte Spalte im ersten Arbeitsgang nach hinten umgeknickt ist. Die Schreibschrift wurde gewählt, um die Schülertätigkeit zu bezeichnen.

1. Schritt: Die Schüler füllen die freien Zeilen der linken Spalte aus; zumeist werden nützliche Funktionen der Personen und Gegenstände genannt: es ist zum Leben der Menschen da.

2. Schritt: Die Schüler falten das Blatt auf und lesen die rechte Spalte.
Im Vergleich zu dem bisher Erarbeiteten fällt die Verkehrung des Gebrauchs ins Furchterregende, Zerstörerische auf: alles wird mißbraucht.

3. Schritt: Vergleich im Gespräch
- Verben vergleichen
- letzte Zeile als positive Ausnahme deuten

Der Junge denkt:

Der Vater sagt:

Zu *U. Wölfel,* Der Nachtvogel, in: Die grauen und die grünen Felder. 1970, S. 21 - 23
Gestaltet von A. Plön nach einer Anregung von M. Friedrichs

9

10

Was sagen die Eltern ihrem Jungen?

Was müßte man den Eltern sagen?

Kannst du dem Jungen einen Rat geben?

Arbeitsblatt zu *U. Wölfel,* Der Nachtvogel.
Gestaltet von Angelika Plön, 1975

Warum habt ihr solche Angst?
Habt ihr kein Vertrauen zu Gott?

Gestaltung: Meike Friedrichs 1973
Vergleich zu U. Wölfel, Der Nachtvogel

Jesus mit seinen Jüngern im Sturm

1. Was denkst du bei dem Wort „Himmel“?

2. Was möchtest du über Gott wissen?

3. Was weißt du über Gott?

4. Wer hat dir von Gott erzählt?

5. Überlege, ob du ein Bild malen kannst, wie du dir Gott vorstellst. – Wenn ja, male dein Bild auf die Rückseite. – Wenn nein, schreibe auf, warum du das Bild nicht malst.

13

Ziel: Die Schüler sollen verschiedene, zum Teil von ihnen selbst vertretene Gottesvorstellungen erläutern, unterscheiden und soweit möglich ein Gespür für vertretbare Gottesvorstellungen entwickeln.

Material A (oberer Teil)

Diese Vorstellungen wurden im Sommer 1973 von einem 3. Schuljahr in der Phase der Bestandsaufnahme notiert. Die Aussagen wurden auf Satzkarten geschrieben und zusammen mit dem Bildblatt Nr. 13 den Schülergruppen gegeben. Die Satzkarten sind je nach dem Ergebnis der Bestandsaufnahme neu zu beschriften. Folgender Arbeitsauftrag wurde zusammen mit den Schülern für den Gruppenarbeitsprozeß entwickelt:

1. *Seht euch das Bildblatt an und beschreibt die vier Felder*
2. *Lest die Satzkarten*
3. *Überlegt, zu welcher Nummer die Satzkarten passen und unterhaltet euch über eure Vorschläge.*

Im zweiten Arbeitsgang trugen die Gruppen ihre Ergebnisse mit Hilfe des Overheadprojektors vor; daraus ergab sich eine Gesamtdiskussion des Problems. Im Ergebnis wurden Feld 3 und 4 rot umrandet und so die Dialektik „Gott, der Unverfügbare" (Nr. 3) und zugleich „der uns im Bruder Nahe" (Nr. 4) herausgearbeitet.

Material B (unterer Teil)

Die Satzkarten wurden vom Unterrichtenden so zusammengestellt, daß die sich in der Bestandsaufnahme ergebenden Defizite durch Aussagen ergänzt wurden. Als Anregung dienten die Zusammenstellungen in „Orientierung Religion" (S. 13), in „KU-Praxis" Nr. 1 sowie Bibelstellen. Auch diese Satzkarten sind den Voraussetzungen der Klasse entsprechend zu beschriften, z.B.

- durch das Doppelgebot der Liebe: „Du sollst Gott von ganzem Herzen lieben und deinen Nächsten wie dich selbst" (Mt 22, 37 - 39, gekürzt)
- durch Kurzzusammenfassungen bekannter biblischer Geschichten
- durch Bildkarten mit geeigneten Gottessymbolen, z.B. das elektrische Kraftfeld, Orientierung Religion, S. 3

Zur Gruppenarbeit s.o.

Es ist ratsam, die jeweiligen Satzkarten auf Papier (Umdruck) oder auf Folie bereitzuhalten.

Ordne die Satzkarten dem Bildblatt (Nr. 13) zu

14

A.

Gott hat Menschen sehr lieb. (1)	Vielleicht ist er nur eine Sage. (1)	Ich weiß nicht, wie Gott aussieht. (11)	Gott kann man nicht sehen. (11)
Im Himmel ist nur Wasserdunst, Flugzeug, Sterne . . . (6)	Gott ist im Himmel. (4)	Gott macht kranke Menschen gesund. (4)	Ist Gott ein Mensch? (1)
Gott sieht alles vom Himmel aus. (2)	Vielleicht gibt es Gott nicht. (3)	Gott ist unsichtbar. (2)	Gott ist mächtig, stark, groß und kann alles. (6)
Ich habe gehört, daß Gott tot ist. (1)	Es gibt Gott. Er lebt vielleicht über der Erde im Himmel. Menschen glauben, er ist wie ein großer Mann, stark und mächtig. (2)	Es gibt Gott. Er ist überall; auch bei uns. Man kann ihn nicht sehen. (2)	Gott ist vielleicht wie ein Mensch. Er lebt auf der Erde. (1)

B.

Ein anderes Kind fragt: „Wo ist Gott?“ Seine Mutter zeigt ein Bild, wie einer einem kranken Kind hilft.	Beppo liest: „Gott hat keine Hände, nur unsere Hände, um Menschen zu helfen.“	Gott ist Liebe. Wer sagt: ich liebe Gott und haßt andere Menschen, der lügt. (aus 1 Joh 4)	
Gott, dem Ewigen, dem Unsichtbaren, der allein Gott ist, sei Ehre und Preis! (aus 1 Tim 1,17)	Mose möchte Gott sehen. Es hört: „Kein Mensch wird leben, der mich sieht.“ (Ex 33,18 - 23)	Lieber Gott! Wie machst Du es eigentlich, daß Du nicht von da oben herunterfällst? Dein Freund Herbert	Lieber Gott! Bist du wirklich vorhanden? Dein Peter

15 *Wo wohnt Gott?*

Einmal brachte eine Mutter ihren kleinen Sohn zum Rabbi. Da fragte der Rabbi den Jungen: „Ich gebe dir einen Gulden, wenn du mir sagst, wo Gott wohnt.“ Er antwortete: „Und ich gebe dir zwei Gulden, wenn du mir sagen kannst, wo er nicht wohnt.“

Martin Buber, aus: Erzählungen der Chassidim. Zürich 1949.
Veränderte Fassung in: *H. Halbfas,* Das Menschenhaus, 1972, S. 200.

Kommentar in: H. Halbfas, Lehrerhandbuch Religion, 1974, S. 504 f.

Daß jemand (ein Spaßvogel?) für die Beantwortung der Frage „Wo wohnt Gott“? einen Gulden geben will, verrät die Erwartung: „Du wirst es nicht sagen können.“ Der Junge, der nicht im Ernst eine Geldprämie seinerseits versprechen kann und trotzdem den Spieß bei verdoppeltem Einsatz umdreht, unterstellt mit seiner Gegenfrage jedoch nicht die Auffassung, Gott wohne „überall“.
Die Entgegnung des Jungen will besagen: Kein Ort der Welt kann als „Wohnung“ Gottes eingegrenzt und objektiviert werden. Aber ebenso wenig kann irgendein Ort der Welt als Ort Gottes ausgeschlossen werden. Letzten Endes ist also die Wo-Frage falsch.

16

Ich suchte *Gott*
und er entzog sich mir.
Ich suchte meine *Seele*
und fand sie nicht.
Ich suchte meinen *Bruder*
und fand alle drei.

Alternative zur zweiten Teileinheit von Modell III

‚BEPPO' von *Barbara Imgrund*

Didaktischer Kommentar

Die Erzählung von Beppo[1] basiert auf einer kindlichen Gottesvorstellung: ein Junge schreibt einen Brief an Gott, bittet ihn brieflich um direkte Hilfe und schickt seinen Brief mit einem Luftballon an den himmlischen Adressaten in der Zuversicht: „Gott wird helfen". Diese direkte Erwartung kann enttäuscht werden. Sie ist vordergründig gesehen nicht haltbar, doch in einem tieferen Sinne wahr; denn Gott hat keine Hände, nur unsere Hände, um Menschen zu helfen.

Teilziele:

Da Primarschüler zwischen kindlichen Gottesvorstellungen und Zweifeln daran gleichsam hin- und herpendeln, kann die Geschichte von Beppo eine Hilfe sein[2],

1. um kindliche Gottesvorstellungen zu reflektieren und mit eigenen in Verbindung zu setzen,
2. um der hintergründigen Antwort der Geschichte ein neues Gottesbild zu entnehmen,
3. um die verschiedenen Deutungsversuche für das Paket vergleichend zu reflektieren.

Methoden (den Teilzielen entsprechend geordnet).

Diese Ziele sind mit der Erzählung allein nicht erreichbar; deshalb wurde:

1. die Geschichte dort abgebrochen, wo eine kindliche Gottesvorstellung zur Sprache kam, um den Schülern zu ermöglichen, eigene Gottesvorstellungen vergleichend äußern zu können.
2. der Geschichte ein neuer Schluß gegeben. Beppo findet in dem Paket einen Zettel: „Gott hat keine Hände, nur unsere Hände, um Menschen zu helfen" (vgl. Material-Nr. 19).

---

[1] aus: D. Steinwede/S. Ruprecht, Vorlesebuch Religion, Bd. 1, 1971, S. 312-314. Der Schluß wurde abgeändert.

[2] vgl. H. Buß/H. H. Strube, Die Frage nach Gott, in: KU-Praxis, 1/1973, S. 13-17.

3. wurden die Sprechblasen auf Arbeitsbogen Nr. 18 einer nacherzählenden Darstellung zugeordnet. Sie können ausgefüllt werden z.B.: es war Zufall, daß . . . ; ich weiß nicht . . . ; Gott hat . . .

Ergebnis:

Es kann nicht Ziel sein, daß alle Schüler im Ergebnis auf ein- und dasselbe Gottesbild fixiert sind. Deshalb wird in der Abschlußphase die Möglichkeit gegeben, verschiedene Einstellungen zu formulieren und darüber vergleichend zu diskutieren (Material-Nr. 13/14).

17a *Beppo*

Alle Kinder waren in der Schule. Nur Beppo, acht Jahre alt, stand mutterseelenallein auf einem Hügel und starrte angestrengt zum Himmel hinauf. Dort oben war ein winziger Punkt. Seinetwegen hatte Beppo die Schule geschwänzt. Es war ein roter Luftballon. Beppo hatte zwanzig Lire geopfert, um ihn kaufen zu können. Das war eine Menge Geld für Beppo! Trotzdem hatte er den Luftballon gekauft – nur so, zum Davonfliegen?
Beppo hatte niemandem erzählt, was er damit anfangen wollte. Heimlich hatte er einen Brief geschrieben und ihn an der Schnur des Luftballons angebunden. Und als alle Kinder in der Schule waren, hatte er sich fortgeschlichen, um auf dem Hügel seinen Luftballon steigen zu lassen. Hoffentlich würde der Wind die Botschaft nicht abreißen!
„Lieber Gott", stand mit großen Buchstaben auf dem Zettel geschrieben, „in ein paar Wochen bekomme ich einen kleinen Bruder, Wir sind sechs Kinder, und meine Eltern haben wenig Geld. Der Kleine muß mit Pedro und mir zusammen schlafen, weil wir nicht genug Bettzeug haben. Bitte, lieber Gott, mach doch, daß ich dem kleinen Bruder einen Strohsack mit Bettzeug zurechtmachen kann! Es darf etwas Gebrauchtes sein! Ich wohne in Arcole in Italien.
Dein Beppo Sala."
So hatte Beppo geschrieben, und er hoffte, daß der, für den der Zettel bestimmt war, ihn würde lesen können. Und als der kleine rote Punkt in der Höhe verschwunden war, trottete Beppo voll Zuversicht nach Hause:
Gott wird helfen.

Stelle dir vor, du findest den Luftballon mit Beppos Brief an Gott. Versuche, ihm zu antworten. **17b**

Lieber Beppo!

17c Die nächsten Tage waren für Beppo nicht leicht zu ertragen. Er wartete voll Spannung. Aber nicht das geringste geschah. Es war, als ob es seinen roten Luftballon niemals gegeben hätte. Das einzige, was sich ereignete, war, daß er nachsitzen mußte, weil er die Schule geschwänzt hatte.

Aber dann geschah doch etwas. Es war am vierten Tag, nachdem er den Luftballon losgelassen hatte. Schon von weitem erkannte Beppo den Paketkarren des Postboten vor seinem Elternhaus. Aufgeregt stürmte er ins Haus. Drinnen fand er die ganze Familie in der Küche versammelt. Mitten auf dem Tisch lag ein Paket. Vater Sala zankte sich mit dem Postboten. Aus dem Stimmengewirr hörte Beppo den Baß seines Vaters heraus.

„Du willst Postbote sein, Antonio, und begreifst nicht einmal, daß dieses Paket unmöglich für uns sein kann? “ Der Briefträger rollte die Augen. „Du Dummkopf“! schrie er. „Kannst du nicht lesen? Sala – Familie Sala! Da steht es!“

„Jawohl, so heißen wir. Aber wir kennen niemand in Rovigo. Und geschenkt nehme ich nichts, das weißt du! Nimm das Paket wieder mit!“ Und damit versetzte der Vater dem Paket einen Hieb, daß die zwei kleinen Salakinder, die munter auf dem Fußboden herumkrochen, erschreckt unter den Tisch flüchteten.

Beppo hielt es nicht länger aus. „So macht das Paket doch auf!“ schrie er, außer sich vor Erregung, „dann werden wir sehen, ob es für uns ist oder nicht“! Der Lärm verstummte. Unter den buschigen Brauen hervor warf der Vater einen finsteren Blick auf den vorlauten Sohn und überlegte. „Also los!“ fuhr er den Postboten an. „Du hörst es doch, öffne!“

Hastig riß der Mann die Schnüre auf. Als er den Deckel zurückschlug, wurde es ganz still in der Küche. Und alle sahen, wie es weiß aus dem Karton herausleuchtete: Windeln, Bettzeug und winzige Kinderwäsche! Nicht gerade nagelneu, aber heil und sauber. Und in dem Paket lag ein Zettel „für Beppo“. Das alles war ein Schatz für die Familie Sala! Die Augen der Mutter leuchteten. War es nicht wie ein Wunder, daß Gott ausgerechnet in Rovigo, fast hundert Kilometer von Arcole entfernt, ein Paket für die Familie Sala zur Post gab?

Ein Glück, daß wenigstens kein Absender angegeben war, dachte Beppo. Nun konnte der Vater das Paket nicht zurückschicken!

Und während der Inhalt des Paketes von Hand zu Hand ging, schlich Beppo sich leise hinaus. Sein Herz war übervoll. Rasch, rasch eilte er zu dem Hügel, wo er vor vier Tagen den roten Luftballon zum Himmel geschickt hatte. Er las auf seinem Zettel: „Gott hat keine Hände, nur unsere Hände, um Menschen zu helfen“. Und er dankte dem gütigen Geber.

Der Weg des Luftballons

Verschiedene Meinungen: Wer hat Beppo geholfen?

Entwurf:
A. Schmerbeck

19

Gott hat keine Hände, nur unsere Hände
um seine Arbeit heute zu tun.

Er hat keine Füße, nur unsere Füße,
um Menschen auf seinen Weg zu führen.

Gott hat keine Lippen, nur unsere Lippen,
um Menschen von ihm zu erzählen.

Er hat keine Hilfe, nur unsere Hilfe,
um Menschen an seine Seite zu bringen.

Gebet aus dem 14. Jhdt.-- Statt „Gott" steht im Original jeweils „Christus".
Zur Interpretation: *H. Halbfas,* Lehrerhandbuch Religion, 1974, S. 601 f;

In diesem Verständnis ist Christus so lebendig oder tot, wie Christen lebendig oder tot sind. Von der Freiheit und Liebe Christi kann keine Rede sein, wenn diese Freiheit und Liebe nicht das Programm handelnder Menschen sind.
Es lohnt auch nicht, über die Menschlichkeit Jesu zu sprechen und einzelne Geschichten davon zu erzählen, wenn jene, die dies erzählen, damit nicht zugleich Menschlichkeit erfahrbar machen, und wenn ihre Menschlichkeit nicht Einsatz, Solidarität, Hingabe und Hoffnung auf eine neue Welt bedeutet, wird die Chiffre Christus zur Floskel.

RELIGIONSPÄDAGOGISCHE PRAXIS (RPP)

Herausgegeben von Horst Klaus Berg und Wolfgang Langer
Gemeinschaftsverlag Calwer, Stuttgart/Kösel, München

Nr. 1 *Rolf Lüpke/Georg Friedrich Pfäfflin:* Herausforderung durch die Dritte Welt. 1971. 145 Seiten. [vergriffen]. - Schülerheft: 47 Seiten.

Nr. 2 *Franz Kaspar:* Gruppenpädagogische Unterrichtsverfahren für den Religionsunterricht. 2. Auflage 1971. 119 Seiten.

Nr. 3 *Sigrid Berg:* Kurze literarische Texte für den Religionsunterricht. Band 1. 2. Auflage (5.-8. Tsd.) 1972. 104 Seiten.

Nr. 4 *Folkert Doedens:* Bildende Kunst und Religionsunterricht. 1972. 96 Seiten.

Nr. 5 *Ulrich Kattmann:* Biologie und Religion. 1972. 96 Seiten.

Nr. 6 Friedenserziehung und Religionsunterricht. Herausgegeben von *Martin Stallmann.* 1972. 112 Seiten.

Nr. 7 *Sigrid Berg:* Kurze literarische Texte für den Religionsunterricht. Band 2. 1972. 112 Seiten.

Nr. 8 Religionsunterricht in der Berufsschule. Herausgegeben von *Dieter Aschenbrenner.* 1972. 93 Seiten.

Nr. 9 *Georg Baudler/Robert Kramer/Gerhard Ott:* Fach Religion in der Kollegstufe. 1972. 102 Seiten.

Nr. 10 *Gerhard Röckel:* Die Arbeit mit Texten im Religionsunterricht. 1973. 207 Seiten.

Nr. 11 *Hermann Vogt:* Konfessionskrieg in Nordirland? 1973. 112 Seiten.

Nr. 12 *Bernhard Krautter:* Die Bergpredigt im Religionsunterricht. 1973. 104 Seiten.

Nr. 13 *Peter Biehl u.a.:* Kirchengeschichte im Religionsunterricht. 1973. 152 Seiten.

Nr. 14 Weihnachten. Materialien und Entwürfe. Herausgegeben von *Sigrid Berg.* 1973. 152 Seiten.

Nr. 15 Religionsunterricht und politische Bildung. Herausgegeben von *Folkert Rickers.* 1973. 107 Seiten.

Nr. 16 *Wolfgang Langer:* Praxis des Bibelunterrichts. 1975. 158 Seiten.

Nr. 17 *Christine Reents:* Religion – Primarstufe. 1975. Ca. 160 Seiten, zahlreiche Abbildungen.